事业单位内部控制与风险管理研究

范爱萍 ◎ 著

中国原子能出版社
China Atomic Energy Press

图书在版编目（CIP）数据

事业单位内部控制与风险管理研究 / 范爱萍著 . -- 北京 : 中国原子能出版社 , 2022.10

ISBN 978-7-5221-2253-3

Ⅰ . ①事… Ⅱ . ①范… Ⅲ . ①行政事业单位—内部审计—研究—中国 Ⅳ . ① F239.66

中国版本图书馆 CIP 数据核字 (2022) 第 206013 号

事业单位内部控制与风险管理研究

出版发行 中国原子能出版社（北京市海淀区阜成路 43 号 100048）

责任编辑 刘东鹏

责任印制 赵 明

印 刷 北京天恒嘉业印刷有限公司

经 销 全国新华书店

开 本 787mm × 1092mm 1/16

印 张 8.875

字 数 201 千字

版 次 2022 年 10 月第 1 版 2022 年 10 月第 1 次印刷

书 号 ISBN 978-7-5221-2253-3 定 价 76.00 元

前　言

管理实践证明，企业一切经营管理活动，都是从建立和完善内部控制开始的。内部控制是企业运营和各项管理工作的基础，企业内部运行机制改革和管理模式的调整，都应统驭在完善的内部控制体系之下，并在合规合法的基础上运行，以规避变革中出现的各类风险，提升公司治理水平与核心竞争力。

内部控制是一种方法，是单位以制度建设为引领的一项职能，分析单位内部控制的基本理论、规范体系、法律责任，探讨单位内部控制实务工作情况并提出对策建议将有助于单位内部控制的完善与优化。

为适应新时代全面深化改革的变化和治国理政方式的转变，进一步提升单位内部管理水平，规范单位内部权力运行，财政部印发的单位内部控制相关规范、政策，规定了通过制定制度、实施措施和执行程序，对经济活动风险进行防范和管控的基本操作规范，为单位完善治理体系、提升治理能力提供了一套框架体系、原则方法和实施路径，为单位加强廉政风险防控机制建设、提高行政效率效能提供了思路和办法。单位内部控制是一项制度创新和管理创新，是一种新生事物，单位内部控制的法律渊源、体制机制、管控领域等与企业内部控制相比具有其自身的特点，在单位内部控制基本理论、制度体系、体制机制、政策落地、政策措施等方面值得深入研究。目前，我国关于企业内部控制研究很多，但关于单位内部控制研究较少，已有研究主要从管理、财务、会计等角度对单位经济活动管控的制度、措施和流程进行了研究。法治视角下的单位内部控制研究则更少，特别是在单位内部控制规范效力、调控范围、执行效果等方面需要加强理论研究和实证调研。因此，从法治视角研究单位内部控制问题，完善内部控制研究的范式，为内部控制基本理论研究、政策研究、实务研究开辟一条新的路径，既非常必要，也意义重大。

本书既详细地介绍了有关行政事业单位内部控制的理论知识，又充分地讲解了预算控制、收支业务控制、政府采购控制、资产控制、建设项目控制和合同控制的具体办法与方案。同时，还编写了《行政事业单位内部控制手册》，供大家实操时参考。

目　录

第一章　事业单位内部控制理论基础

第一节　行政事业单位内部控制的内涵

一、行政事业单位内部控制的定义

根据《行政事业单位内部控制规范（试行）》（以下简称《内控规范》）第一章第三条规定，行政事业单位内部控制是指“单位为实现控制目标，通过制定制度、实施措施和执行程序，对经济活动的风险进行防范和管控”。

这一定义强调内部控制的主体是广义上的行政事业单位及其所属部门，包括各级党的机关、人大机关、行政机关、政协机关、审判机关、检察机关、各民主党派机关、人民团体和事业单位。

这一定义明确行政事业单位内部控制的客体仅限于单位的经济活动，即对经济活动的风险进行防范和管控，而非对单位所有活动的风险进行防范和管控。这些经济活动主要包括预算、采购、收支、工程、资产与合同等。

这一定义表明行政事业单位内部控制主要通过制定制度、实施措施和执行程序三种手段来实现对经济活动风险的防范和管控。制定制度即建立健全内部控制的规范标准和程序，实施措施则是采取有针对性的行动方案，执行程序是一以贯之的执行内控制度和流程。

二、行政事业单位内部控制的目标

行政事业单位内部控制是为单位实现其控制目标提供合理保证。具体来说，主要有以下五大控制目标。

（1）合理保证单位经济活动合法合规：行政事业单位经济活动必须在法律法规允许的范围内进行，严禁违法违规行为的发生，这是行政事业单位内部控制最基本的目标，是其他四个目标存在的前提和基础。

（2）合理保证资产安全和使用有效：该目标强调了保证行政事业单位资产的安全

和有效利用，以保证其使用效率。该目标与成熟先进的管理理念和方法、最新的科学技术发展，以及科学、有效的机制和体制密切相关，是实现行政事业单位战略目标的落脚点。

（3）合理保证财务信息真实完整：该目标强调行政事业单位要提供真实、可靠的会计报告和相关信息。行政事业单位须合理保证会计报告和相关信息的真实完整，客观地反映单位运行管理情况和预算执行情况，为领导层的决策提供可靠依据。

（4）有效防范舞弊和预防腐败：内部控制的基本原则是权力制衡，行政事业单位应该充分运用内控的制衡原理，在单位内部进一步完善决策权、执行权和监督权相互制约的机制，发挥流程控制作用，有效地预防腐败。

（5）提高公共服务的效率和效果：行政事业单位与企业的根本区别在于其设立和运营的目的不同。行政事业单位内部控制的运营目标就是要提高单位公共服务的效率和效果。

对于行政事业单位内部控制而言，它不是一个单一的事件，而是贯穿整个组织且持续进行的一系列行为和活动；它也不是单位的一个独立系统，而是单位用来控制和引导业务运行的不可或缺的组成部分；它无法为实现控制目标提供绝对保证，而受限于一些内外部因素的影响仅能为其提供合理保证；它不仅依靠单位领导层的大力推行，也需要单位全体成员共同参与并发挥作用。可以说，行政事业单位内部控制是单位内部管理的重要组成部分，与单位业务运行融为一体，持续帮助单位管理经济活动并实现控制目标。

三、行政事业单位内部控制的原则

在行政事业单位内部控制建设和实施过程中，应当遵循下列原则：全面性原则、重要性原则、制衡性原则和适应性原则。

（1）全面性原则：内部控制应当贯穿单位经济活动的决策、执行和监督全过程，实现对经济活动的全面控制。所谓全面性主要体现在三个方面：一是全过程控制，内部控制应当贯穿决策、执行和监督全过程；二是全方位控制，内部控制应当覆盖单位的各种业务和事项；三是全员控制，内部控制的关键是对人的控制，是对单位全体成员进行控制，保证每一位单位成员，包括领导层面及执行层面都受到相应的控制。

（2）重要性原则：在全面控制的基础上，内部控制应当关注单位重要经济活动和经济活动中的重大风险。重要性原则强调行政事业单位内部控制建设与实施应当突出重点、兼顾一般，着力防范可能对单位产生重大影响的重大风险，重视重要的业务事项和高风险领域，对业务处理过程中的关键控制点及关键岗位加以特别的防范。所谓关键控制点，是指业务处理过程中容易出现漏洞且一旦存在差错即会给单位带来巨大损失的高风险领域。所谓关键岗位，是指单位内部容易实施舞弊的职位。

（3）制衡性原则：内部控制应当在单位内部的部门管理、职责分工、业务流程等方面形成相互制约和相互监督。相互制衡是建立和实施内部控制的核心理念，更多地体现为不相容机构、岗位或人员的相互分离和制约。无论是单位决策环节、执行环节，还是在监督环节，如果做不到不相容岗位相互分离和制约，将会造成滥用职权或串通舞弊，导致内部控制的失败。所以，要在内控制度设计上体现相互制约的原则并严格执行：一是治理结构的制衡；二是机构设置及权责分配的制衡；三是业务流程的制衡。

（4）适应性原则：内部控制应当符合国家有关规定和单位的实际情况，并随单位外部环境的变化、经济活动的调整和管理要求的提高，不断修订和完善。这一原则强调单位建立和实施内部控制绝非一蹴而就，要克服一劳永逸的思想，做到与时俱进，在保持相对稳定的基础上不断加以优化改进。各行政事业单位应结合本单位业务特点和实际情况，建立符合自身组织架构特点的内部控制体系。

《内控规范》对行政事业单位建立和实施内部控制提出了如下要求：第一，行政事业单位负责人对本单位内部控制的建立和有效实施负责。第二，单位应当根据本规范建立适合本单位实际情况的内部控制体系，并组织实施。具体工作包括梳理单位各类经济活动的业务流程，明确业务环节，系统分析经济活动风险，确定风险点，选择风险应对策略，开展内部控制信息化建设，建立健全单位各项内部管理制度并督促相关工作人员认真执行。

第二节　行政事业单位内部控制的理念及框架

一、行政事业单位内部控制的核心理念

对于内部控制而言，无论是企业内部控制建设还是行政事业单位内部控制建设，其核心均在于建立一套有效的控制机制来防范业务活动中的风险，以实现各项业务的控制目标。与企业内部控制不同的是，行政事业单位内部控制是针对单位各项经济活动，其控制目标除合理保证单位经济活动合法合规、资产安全和使用有效、财务信息真实完整之外，还包括有效防范舞弊和预防腐败，提高公共服务的效率和效果。同时，行政事业单位经济活动中的风险也不同于企业经营风险，针对行政事业单位设计的控制制度、机制、措施也与企业不同，需要根据行政事业单位的具体特点来设计。

（一）行政事业单位经济活动控制目标

设定控制目标是行政事业单位内部控制建设的起点。特别是在预算业务、收支业务、采购业务、资产管理、建设项目和合同管理等各项经济活动中，首先需要明确每

一业务所要达到的管控目标，这样才能在设计具体控制措施时有的放矢、有章可循。具体来说，应根据每一业务的实际状况，对照单位内部控制的五大目标设定每一业务的具体管控目标，即每一业务的管控机制设计须合理保证单位经济活动合法合规、资产安全和使用有效、财务信息真实完整，有效防范舞弊和预防腐败，提高公共服务的效率和效果。同时，作为使用公共财政资金的一类组织，行政事业单位需要确保财政资金的有效使用，这既是一种外部监管要求，也是内部管控的重点。

（二）行政事业单位经济活动主要风险

不同于企业经营风险，行政事业单位经济活动风险主要表现在财政资金使用、国有资产管理、人员舞弊、廉洁从政以及违法违纪等方面。一般来说，可以从单位层面和业务层面两个方面来识别和评估行政事业单位经济活动风险。其中，单位层面风险可从机构设置是否科学、权责分配是否合理、决策机制是否健全、管理制度是否完善、岗位人员是否胜任、信息沟通是否畅通、财务处理是否规范等方面来识别和评估；业务层面风险可从预算、收支、采购、资产管理、建设项目、合同管理的制度是否健全，执行程序是否完善，每一业务事项是否真实、合规且执行到位等方面来识别和评估。行政事业单位经济活动风险是可能影响单位目标实现的各种不确定因素，通过识别单位经济活动中的主要风险，及时对其进行管控，可以有效保障单位各项控制目标的实现。

（三）行政事业单位经济活动控制机制

行政事业单位控制机制是为实现单位各项经济活动控制目标，针对经济活动中主要风险而设计的一套管控机制，它涵盖了单位预算、收支、采购、资产管理、建设项目、合同管理等所有的经济活动，旨在搭建包括管理制度、执行程序和具体措施在内的管控机制。在行政事业单位控制活动设计中，应重点关注以下方面：符合国家法律法规和政策文件；适应单位现有制度规定和管理现状；便于单位职能正常履行和业务开展；能够防范人员舞弊和预防腐败；保障单位公共服务职能的有效发挥。行政事业单位控制机制设计是单位内部控制建设的核心，一套设计有效、执行有力的控制机制可以有效防范和管控单位经济活动风险，确保单位经济活动目标最佳实现。

需要强调的是，在行政事业单位目标设定、风险识别和控制设计的过程中，人的因素至关重要。一方面，需要由人来明确具体的经济活动管控目标、识别可能存在的风险、设计有效的控制机制，这就要求单位人员具备较高的素质和能力；另一方面，根据控制目标设计的管控措施需要人来执行，如果单位人员的素质和能力达不到要求，也可能无法确保控制活动得到有效执行。因此，单位人员对经济活动“目标—风险—控制”内控理念的认识，以及单位人员是否能够积极主动地建设并实行内部控制，将直接影响内部控制实施的效果和效率。

二、行政事业单位内部控制的体系框架

第一，风险评估是行政事业单位对单位层面和业务层面风险进行识别和评估的过程。单位层面风险评估重点关注内部控制的组织机制是否健全、内部管理制度是否完善、关键岗位人员能力是否匹配、财务信息编报是否及时准确等方面；业务层面风险评估重点关注预算业务、收支业务、政府采购、资产管理、建设项目和合同管理等业务管理制度是否健全、业务程序是否明晰、业务执行是否有效等方面。

第二，单位层面控制活动是行政事业单位针对各项经济活动进行的内部环境评估和控制设计，并将这些控制机制落实在单位经济活动中的过程。单位层面控制活动主要包括组织机构、决策机制、岗位权责、人员资质、会计系统、信息系统六个部分。

第三，业务层面控制活动是行政事业单位针对各项经济活动制定具体控制政策和程序的过程，核心是针对风险建立经济活动管控机制的过程。业务层面控制活动主要包括预算业务、收支业务、政府采购、资产管理、建设项目和合同管理六个部分。

第四，评价与监督是行政事业单位对其内部控制的建立和执行情况进行持续监督和评价的过程，确保内控设计和执行的有效性。评价与监督可以采用定期和不定期相结合、日常和专项相结合的方式，对内部控制的健全性、合理性和有效性进行评估检查。评价与监督能够帮助单位领导层预防、发现和整改内部控制设计和运行中存在的问题和薄弱环节，以便及时加以改进，确保单位内部控制有效运行。

综上所述，本书认为风险评估为单位内部控制建设提供了方向，单位层面控制活动是单位内部控制建设的环境保障，业务层面控制活动是单位内部控制的核心，评价与监督是保障单位内部控制有效运行的重要手段。同时，在行政事业单位内部控制运行的整个过程中，持续的信息沟通贯彻始终，并通过有效的信息系统设计来支撑信息沟通过程，保障行政事业单位内部控制的有效运行。

第三节　行政事业单位内部控制设计

一、单位层面内部控制设计

根据《内控规范》规定，单位层面内部控制主要包括组织机构、议事决策机制、关键岗位权责分配、关键岗位人员管理、会计系统、信息系统与信息技术控制六个方面。其中，合理的组织机构设置是单位层面内部控制的前提；关键岗位权责分配与关键岗位人员管理为议事决策的有效性提供保障；会计系统作为一种重要的控制手段，旨在

确保单位财务信息编报的及时、准确；信息系统与信息技术控制贯穿于单位层面内部控制的整个过程，以提升内部控制的效率和可靠性。

（一）组织机构

根据《内控规范》第三章第十三条规定，“单位应当单独设置内部控制职能部门或者确定内部控制牵头部门，负责组织协调内部控制工作。同时，应当充分发挥财会、内部审计、纪检监察、政府采购、基建、资产管理等部门或岗位在内部控制中的作用。”

对于行政事业单位而言，组织机构设置的核心在于建立包括决策机构、执行机构和监督机构在内的相互制衡机制，并适应我国政府职能转变和机构改革的大环境。一般来说，决策机构是单位的权力中心，其设计的合理性对单位内部控制整体效果具有正向引导作用；执行机构是决策机构的承办部门，具体实施单位内部控制活动，如财会部门、采购部门、资产管理部门、预算管理部门等；监督机构是对决策机构和执行机构进行监督，一般包括内部审计部门和纪检监察部门。

（二）议事决策机制

根据《内控规范》第三章第十四条规定，“单位经济活动的决策、执行和监督应当相互分离。单位应当建立健全集体研究、专家论证和技术咨询相结合的议事决策机制。重大经济事项的内部决策，应当由单位领导班子集体研究决定。重大经济事项的认定标准应当根据有关规定和本单位实际情况确定，一经确定，不得随意变更。”

行政事业单位决策一般由单位领导班子决定，单位领导班子成员由党委、行政和纪检主要领导组成。单位领导班子在决策过程中，应针对不同的决策事项，机动地加入与具体决策事项相关的分管领导或专家。行政事业单位决策的范围应该包括大额资金使用、大宗设备采购、基本建设等重大经济事项，在决策过程中应坚持民主集中制原则、科学高效原则和责任追究原则，在决策时可通过口头、举手、记名或无记名投票等方式，按照少数服从多数的原则，经出席会议的成员半数以上同意。

（三）关键岗位权责分配

根据《内控规范》第三章第十五条规定，“单位应当建立健全内部控制关键岗位责任制，明确岗位职责及分工，确保不相容岗位相互分离、相互制约和相互监督。单位应当实行内部控制关键岗位工作人员的轮岗制度，明确轮岗周期。不具备轮岗条件的单位应当采取专项审计等控制措施。内部控制关键岗位主要包括预算业务管理、收支业务管理、政府采购管理、资产管理、建设项目管理、合同管理以及内部监督等经济活动的关键岗位。”

行政事业单位应结合本单位性质、预算类型、收支管理特点，依照单位确定的职能、规格、编制限额、职数以及结构比例，对各内设机构职责进行科学、合理的划分，在本单位各内设机构具体职位的基础上，确定内部控制管理的关键岗位名称、职责和工作要求，明确关键岗位的权限和相互关系。在确定关键岗位职责及权限分工过程中，应着重体现不相容岗位分离的控制要求，通过制定组织机构图、岗位说明书、权限指引等内部管理文件，使各个关键岗位的职责权限得以明确、具体的呈现，确保不相容岗位相互分离、制约和监督。

（四）关键岗位人员管理

根据《内控规范》第三章第十六条规定，“内部控制关键岗位工作人员应当具备与其工作岗位相适应的资格和能力。单位应当加强内部控制关键岗位工作人员业务培训和职业道德教育，不断提升其业务水平和综合素质。”

行政事业单位内控制度的有效运行依赖于单位人员的切实执行，尤其是关键岗位人员的专业技能和综合素质直接影响单位内部控制管理的效果。行政事业单位人员的录用、考核、任免、职务升降、奖励、惩戒、培训、交流、回避、辞职、辞退以及退休等均应按照国家相关法律法规来执行。如对于纳入或者参照公务员管理的行政事业单位人员，应按照《中华人民共和国公务员法》及实施方案进行管理。

（五）会计系统

根据《内控规范》第三章第十七条规定，“单位应当根据《中华人民共和国会计法》的规定建立会计机构，配备具有相应资格和能力的会计人员。单位应当根据实际发生的经济业务事项按照国家统一的会计制度及时进行账务处理、编制财务会计报告，确保财务信息真实、完整。”

会计控制主要是对单位发生的经济业务事项进行确认、计量和报告的控制。行政事业单位会计管理主要包括会计机构设置、会计人员配备、会计凭证填报、会计账簿登记、会计报表编报和会计档案管理等活动。行政事业单位会计管理应以财政部出台的《行政单位会计制度》和《事业单位会计制度》为依据，同时结合《行政单位财务规则》和《事业单位财务规则》的要求，建立健全本单位会计控制，为确保财务信息的真实、完整提供合理保证。

（六）信息系统与信息技术控制

根据《内控规范》第三章第十八条规定，“单位应当充分运用现代科学技术手段加强内部控制。对信息系统建设实施归口管理，将经济活动及其内部控制流程嵌入单位信息系统中，减少或消除人为操纵因素，保护信息安全。”

随着我国政务信息化建设的快速发展，行政事业单位的各种经济事项越来越多地依赖于政务信息系统。各级政务网站已成为信息公开、网上办事、便民服务的重要渠道，政务机构的办公系统以及政府采购、资产管理等业务系统均在各级行政事业单位使用。政务信息系统的建设，一方面能够减少或消除人为操作因素，提高单位管理信息化水平，实现单位经济活动的规范、高效、安全运行；另一方面可以满足政务信息公开要求，提高政务信息公开的效率和效果。单位需要进一步提高政务信息系统的安全性、可靠性和合理性以及相关信息的保密性、完整性和可靠性，通过增强电子政务网络、基础信息库和重要业务信息系统的安全防护能力建设，为重要信息系统的安全运行提供支撑。

二、业务层面内部控制设计

（一）预算业务控制

预算业务控制主要是针对行政事业单位预算编制、审批、执行、调整、决策及考评等阶段建立的控制机制，通过识别预算业务活动中的主要风险，设计各业务阶段的管控机制，以有效管理单位预算风险，确保单位预算管理规范有序。

在预算管理组织方面，单位应当合理设置岗位，明确相关岗位的职责权限，确保预算编制、审批、执行、评价等不相容岗位相互分离，建立预算管理组织领导与工作协调机制。

在预算编制方面，单位应当正确把握预算编制有关政策，确保预算编制程序规范、方法科学、编制及时、内容完整、项目细化、数据准确，并建立预算管理、资产管理、基建管理、人力资源管理等部门或岗位的沟通协调机制，确保预算编制部门及时取得和有效运用相关信息，根据工作计划细化预算编制，提高预算编制的科学性。

在预算审批方面，单位应当规范预算审批程序与批复下达形式，明确预算批复下达的责任主体和方法，根据内设机构的职责和分工，对按照法定程序批复的预算在单位内部进行指标分解、责任落实和审批下达。

在预算执行方面，单位应当根据批复的预算安排各项收支，确保预算严格有效执行，并建立预算执行分析机制，定期通报各部门预算执行情况，召开预算执行分析会议，研究解决预算执行中存在的问题，提出改进措施，增强预算执行的有效性。

在预算调整方面，单位应当规范内部预算追加调整程序，明确预算调整原则和依据，确保单位预算调整依据充分、方案合理、程序规范，发挥预算对经济活动的管控作用。

在决算方面，单位应当加强决算管理，确保决算真实、完整、准确、及时；加强决算分析工作，强化决算分析结果运用，建立健全单位预算与决算相互反映、相互促进的机制。

在预算考评方面，单位应当加强预算绩效管理，建立“预算编制有目标、预算执行有监控、预算完成有评价、评价结果有反馈、反馈结果有应用”的全过程预算绩效管理机制。

（二）收支业务控制

收支业务控制是行政事业单位通过识别单位收入和支出业务事项中存在的主要风险，对单位的收入管理、支出管理、票据管理以及债务管理建立的管控机制，确保单位收支管理规范有序。

在收入控制方面，单位的各项收入应当由财会部门归口管理并进行会计核算，严禁设立账外账。业务部门应当在涉及收入的合同协议签订后及时将合同等有关材料提交财会部门作为账务处理依据，确保各项收入应收尽收，及时入账。财会部门应当定期检查收入金额是否与合同约定相符；对应收未收项目应当查明情况，明确责任主体，落实催收责任。有政府非税收入收缴职能的单位，应当按照规定项目和标准征收政府非税收入，按照规定开具财政票据，做到收缴分离、票款一致，并及时、足额上缴国库或财政专户，不得以任何形式截留、挪用或者私分。

在支出控制方面，单位应当建立健全支出内部管理制度，确定单位经济活动的各项支出标准，明确支出报销流程，按照规定办理支出事项。单位应当按照支出业务的类型，明确内部审批、审核、支付、核算和归档等支出各关键岗位的职责权限。具体包括：①加强审批控制，明确支出的内部审批权限、程序、责任和相关控制措施，审批人应当在授权范围内审批，不得越权审批；②加强支出审核控制，全面审核各类单据，重点审核单据来源是否合法，内容是否真实、完整，使用是否准确，是否符合预算，审批手续是否齐全等；③加强资金支付控制，明确报销业务流程，按照规定办理资金支付手续，签发的支付凭证应当进行登记，使用公务卡结算的应当按照公务卡使用和管理有关规定办理业务；④加强支出核算和归档控制，由财会部门根据支出凭证及时、准确地登记账簿，与支出业务相关的合同等材料应当提交财会部门作为账务处理的依据，实行国库集中支付的严格按照财政国库管理制度有关规定执行。

在票据控制方面，单位应当建立健全票据管理制度。财政票据、发票等各类票据的申领、启用、核销、销毁均应履行规定手续。单位应当按照规定设置票据专管员，建立票据台账，做好票据的保管和序时登记工作。票据应当按照顺序号使用，不得拆本使用，做好废旧票据管理。负责保管票据的人员要配置单独的保险柜等保管设备，并做到人走柜锁。单位不得违反规定转让、出借、代开、买卖财政票据、发票等票据，不得擅自扩大票据适用范围。

在债务控制方面，根据国家规定可以举借债务的单位应当建立健全债务内部管理制度，明确债务管理岗位的职责权限，不得由一人办理债务业务的全过程。大额债务的举借和偿还属于重大经济事项，应当进行充分论证，并由单位领导班子集体研究决定。单位应当做好债务的会计核算和档案保管工作。加强债务的对账和检查控制，定期与债权人核对债务余额，进行债务清理，防范和控制债务风险。

（三）政府采购控制

政府采购控制是指行政事业单位使用财政性资金，组织开展货物、服务和工程类采购事项过程中实施的相关控制，通过识别单位在采购管理中存在的主要风险，建立单位采购业务活动的管控机制。

在采购管理组织方面，单位应当明确相关岗位的职责权限，确保政府采购需求制定与内部审批、招标文件准备与复核、合同签订与验收、验收与保管等不相容岗位相互分离，建立采购管理组织领导与工作协调机制。

在采购预算与计划方面，单位应当加强对政府采购业务预算与计划的管理。根据本单位实际需求和相关标准编制政府采购预算，按照已批复的预算安排政府采购计划，建立预算编制、政府采购和资产管理等部门或岗位之间的沟通协调机制。

在采购执行过程方面，单位应当加强对政府采购活动的管理，对政府采购活动实施归口管理，建立政府采购、资产管理、财会、内部审计、纪检监察等部门或岗位相互协调、相互制约的机制。单位加强对政府采购申请的内部审核，按照规定选择政府采购方式、发布政府采购信息，对政府采购进口产品、变更政府采购方式等事项应当加强内部审核，严格履行审批手续。

在采购验收方面，单位应当加强对政府采购项目验收的管理。根据规定的验收制度和政府采购文件，由指定部门或专人对所购物品的品种、规格、数量、质量和其他相关内容进行验收，并出具验收证明。

在采购监督方面，单位应当加强对政府采购业务质疑投诉答复的管理，指定牵头部门负责、相关部门参加，按照国家有关规定做好政府采购业务质疑投诉答复工作。单位应当加强对政府采购业务的记录控制，妥善保管政府采购预算与计划、各类批复文件、招标文件、投标文件、评标文件、合同文本、验收证明等政府采购业务相关资料。定期对政府采购业务信息进行分类统计，并在内部进行通报。单位应当加强对涉密政府采购项目安全保密的管理。对于涉密政府采购项目，单位应当与相关供应商或采购中介机构签订保密协议或者在合同中设定保密条款。

（四）资产管理

资产管理是行政事业单位通过识别单位货币资金、实物资产以及对外投资中存在的主要风险，设计有效的单位风险管控机制，确保单位资产管理规范有序。

在货币资金控制方面，单位应当建立健全货币资金管理岗位责任制，合理设置岗位，不得由一人办理货币资金业务的全过程，确保不相容岗位相互分离。出纳不得兼管稽核、会计档案保管和收入、支出、债权、债务账目的登记工作。严禁一人保管收付款项所需的全部印章。财务专用章应当由专人保管，个人名章应当由本人或其授权人员保管。负责保管印章的人员要配置单独的保管设备，并做到人走柜锁。按照规定应当由有关负责人签字或盖章的，应当严格履行签字或盖章手续。应当加强对银行账户的管理，严格按照规定的审批权限和程序开立、变更和撤销银行账户。应当加强货币资金的核查控制，指定不办理货币资金业务的会计人员定期和不定期抽查盘点库存现金，核对银行存款余额，抽查银行对账单、银行日记账及银行存款余额调节表，核对是否账实相符、账账相符。对调节不符、可能存在重大问题的未达账项应及时查明原因，并按照相关规定处理。

在实物资产控制方面，单位应当加强对实物资产和无形资产的管理，明确相关部门和岗位的职责权限，强化对配置、使用和处置等关键环节的管控。对资产实施归口管理。明确资产使用和保管责任人，落实资产使用人在资产管理中的责任。贵重资产、危险资产、有保密等特殊要求的资产，应当指定专人保管、专人使用，并规定严格的接触限制条件和审批程序。按照国有资产管理相关规定，明确资产的调剂、租借、对外投资、处置的程序、审批权限和责任。建立资产台账，加强资产的实物管理。单位应当定期清查盘点资产，确保账实相符。财会、资产管理、资产使用等部门或岗位应当定期对账，发现不符的，应当及时查明原因，并按照相关规定处理。建立资产信息管理系统，做好资产的统计、报告、分析工作，实现对资产的动态管理。

在对外投资控制方面，单位应当根据国家有关规定加强对对外投资的管理。合理设置岗位，明确相关岗位的职责权限，确保对外投资的可行性研究与评估、对外投资决策与执行、对外投资处置的审批与执行等不相容岗位相互分离。单位对外投资，应当由单位领导班子集体研究决定。加强对投资项目的追踪管理，及时、全面、准确地记录对外投资的价值变动和投资收益情况。建立责任追究制度，对在对外投资中出现重大决策失误、未履行集体决策程序和不按规定执行对外投资业务的部门及人员，应当追究相应的责任。

（五）建设项目控制

建设项目控制是指行政事业单位在建设项目的立项、招标、实施、竣工验收以及交付使用等业务过程中，通过识别各业务过程中存在的主要风险点，设计有效的建设项目管控机制，确保单位建设项目管理规范有序。

在项目立项决策方面，单位应当建立与建设项目相关的议事决策机制，严禁任何个人单独决策或者擅自改变集体决策意见。决策过程及各方面意见应当形成书面文件，与相关资料一同妥善归档保管。单位应当建立与建设项目相关的审核机制，项目建议书、可行性研究报告、概预算、竣工决算报告等应当由单位内部的规划、技术、财会、法律等相关工作人员或者根据国家有关规定委托具有相应资质的中介机构进行审核，并出具评审意见。

在项目招标方面，单位应当依据国家有关规定组织建设项目招标工作，并接受有关部门的监督。单位应当采取签订保密协议、限制接触等必要措施，确保标底编制、评标等工作在严格保密的情况下进行。

在项目实施方面，单位应当按照审批单位下达的投资计划和预算对建设项目资金实行专款专用，严禁截留、挪用和超批复内容使用资金。财会部门应当加强与建设项目承建单位的沟通，准确掌握建设进度，加强价款支付审核，按照规定办理价款结算。实行国库集中支付的建设项目，按照财政国库管理制度相关规定支付资金。经批准的投资概算是工程投资的最高限额，如有调整，按照国家有关规定报经批准。单位建设项目工程洽商和设计变更应当按照有关规定履行相应的审批程序。

在项目验收方面，建设项目竣工后按照规定的时限及时办理竣工决算，组织竣工决算审计，并根据批复的竣工决算和有关规定，办理建设项目档案作为账务处理的依据。单位应当加强合同信息安全保密工作，未经批准，不得以任何形式泄露合同订立与履行过程中涉及的国家秘密、工作秘密或商业秘密。

第四节　行政事业单位内部控制的方法

一、不相容职位相互分离

不相容职位是指那些不能由一个部门或人员兼任，否则可能弄虚作假或易于掩盖其舞弊或腐败行为的职位。不相容职位的分离对于行政事业单位遏制舞弊行为具有重要作用。它要求行政事业单位全面、系统地分析、梳理单位和业务层面所涉及的不相容职位，实施相应的分离措施，形成各司其职、各负其责、相互制约的工作机制。不相容职位分离作为内部控制最基本的控制手段，集中体现了相互制衡的原则，其核心是内部牵制。

通常情况下，单位经济活动通常可以划分为申请、审批、执行、记录四个步骤，如果每个步骤都能由相对独立的人员或部门分别实施或执行，就能保证不相容职务分离。一般来说，应该分离的不相容职务有：授权审批职务与业务执行职务、业务执行职务与监督检查职务、业务执行职务与会计记录职务、财产保管与会计记录职务、授权审批与监督检查职务。

实现不相容职位分离，应重点考虑以下三个方面：一是每类经济活动的发生与完成，无论是简单还是复杂，必须经过两个或两个以上的部门或人员，并保证业务循环中的有关部门和有关人员之间进行检查与核对；二是权力与职责应当明确地授予具体的部门和人员；三是对于重要权力的行使必须接受定期、独立的检查等。实务中，什么样的职务必须分离、分离的程度如何把握，应当由具有丰富经验的专业人员从发生错误或舞弊的可能性及影响程度来综合判断。

二、内部授权审批控制

内部授权审批控制是指行政事业单位根据常规授权和特别授权的规定，明确单位内部各部门、下属单位、各岗位日常管理和业务办理的权限范围、审批程序和相应责任。完善的授权审批控制有助于单位明确权利和义务，层层把关并落实责任，从而最大限度地规避风险。

常规授权一般通过制定权限指引、编制岗位职责手册、建立相关制度文件予以公布，内部员工在经济活动办理过程中，按照规定的权限范围和岗位职责执行各项业务。特别授权是企业在特殊情况、特定条件下进行的授权，需要对其范围、权限、程序和责任四个方面做出严格界定，防止特别授权被滥用。对于单位重大经济事项和决策，如“三重一大”（重大问题决策、重要干部任免、重大项目投资决策和大额资金使用）等事项，要求建立并实行集体决策审批或者联签制度，任何个人不得单独进行决策或者擅自改变集体决策。

内部授权审批控制要求单位各级人员必须经过适当的授权才能执行有关经济业务。授权审批控制应当重点关注：一是单位所有人员未经授权，不能行使相应权力；二是单位的所有业务未经授权不能执行；三是对于审批人超越授权范围的审批业务，经办人员有权拒绝办理，并向上级授权部门报告。同时，授权审批控制需要遵循一定的原则，如授权控制需遵循：授权的依据——依事不依人；授权的界限——不可越权授权；授权的度——适度授权；授权的保障——监督；审批控制需要遵循：审批要有界限——不可越权审批；审批要有原则——不得随意审批。

三、归口控制

归口控制是指行政事业单位按照管控事项的性质与管理要求，结合单位组织机构和岗位设置，在不相容职位分离和内部授权审批控制的原则下，明确单位各项业务的归口管理责任的控制方式。

归口控制是一种职能型的集中管理方式，体现了集中性、规范性和专业性。其中，集中性体现在归口控制行政事业单位各项业务的属性相同，即将同类业务或事项交由一个部门机构或岗位进行管理，从而也将授权审批和内部管理集中起来，便于单位业务集中开展。规范性体现在归口管理通过设计规范而细致的管理制度和实施细则，将同类业务或支出事项用同一种或相似管控方式进行控制，实现控制的标准化。专业性体现在归口控制由一个机构或岗位负责同类业务或支出事项，该机构或岗位熟知和掌握同类业务的属性和特点，具备一定的专业基础，可以提高管理效率。

四、预算控制

预算控制是指行政事业单位根据单位的职责、任务和业务发展计划编制年度财务收支计划。它要求行政事业单位全面实施预算管理制度，明确各部门在预算管理中的职责权限，规范预算编制批复、下达执行、决算评价等各环节的程序，强化对经济活动的预算约束，实现对经济活动风险的控制。

预算编制及批复是行政事业单位实施预算管理的起点，也是预算管理的关键环节，是将外部财政指标细化分解到内部预算指标的过程，直接影响预算管理的效果。单位各部门在生产经营及相关的各项活动中，需严格按照预算进行办理，对无预算或者超预算的项目进行严格控制。单位应当定期检查预算执行情况，根据预算执行情况编制决算报表，并对预算执行结果进行绩效评价，真正发挥预算对单位经济活动的指导和控制作用。

五、资产保护控制

资产保护控制是指行政事业单位资产购置、配置、使用和处置过程中对资产进行的保护，从而确保资产安全和高效使用。资产保护控制要求行政事业单位采取资产记录、实物保管、定期盘点、账实核对等措施，严格限制未经授权的人员接触和处置资产。

资产记录控制是指应当妥善保管涉及资产的各种文件资料，避免记录受损、被盗、被毁。

实物保管控制主要是限制接近控制和财产保险控制。限制接近即严格限制未经授权人员对资产的接触。财产保险控制即运用财产投保（如火灾险、盗窃险等），降低资产运行风险，确保资产安全。

定期盘点是指定期对实物资产进行盘点，并将盘点结果与会计记录进行比较。单位应当建立盘点制度，明确盘点流程和责任人，确保资产安全。定期盘点一般包括定期与会计记录核对和进行差异调查与调整。行政事业单位应当根据资产的性质确定盘点的频率，并根据相关法律法规和本单位实际情况对资产类型进行区分，建立资产控制制度和岗位责任制，强化检查和绩效考评，加强对资产安全和有效使用的控制。

六、会计控制

会计控制是指对单位经济活动进行确认、计量和报告等过程所实施的控制，具体是利用记账、核对、岗位职责分离、档案管理、工作交接等方法，确保单位会计信息真实、准确、完整。会计控制要求行政事业单位按照国家颁布的行政事业单位会计准则、会计制度以及相关财务规则，建立完善本单位的会计制度并严格执行，加强会计基础工作，明确会计凭证、会计账簿和财务会计报告的处理程序，保证会计资料真实、完整。

第二章　事业单位组织层面内部控制设计

第一节　组织架构

一、组织架构的界定

（一）定义及其构成

在组织层级的内部控制设计中，组织架构是重中之重。行政事业单位的组织架构是行政事业单位明确内部各层级机构设置、职责权限、人员编制、工作程序和相关要求的制度安排。

组织架构的主要内容是单位机构设置及权责分配，即机构设置应包括决策机构、执行机构和监督机构以及这三者之间的权责分配。一般来说，决策机构是单位的权力中心，其设计的合理性对单位整体内部控制效果具有正向引导作用。执行机构是决策的具体承办部门，它们是内部控制活动的直接实施者，如财会部门、采购部门、资产管理部门、预算管理部门等。监督机构是约束决策机构和执行机构的关键，一般包括内部审计部门、纪检监察部门等。

行政事业单位可以根据自身实际情况，在现有行政编制的基础上构建组织架构，具体的机构和岗位设置方式包括两种，即常设机构和非常设机构。常设机构是指单位因日常事务处理需要而设置的专门机构，一般有固定的办公场所、专职的人员配备、特定的业务处理范围，这类机构具有长期存在、连续运行的特点，如财务部门、内部审计部门等。非常设机构是指单位为完成某一方面或某项业务的组织协调工作，通过调配内部相关人员成立的非常设性质的机构，这类机构具有临时组建、跨部门合作等特点，如单位领导办公会议、预算委员会、采购领导小组和（专项）监督小组等。一般来说，单位领导办公会议成员由主要领导构成，负责对单位所有重大事项进行决策；而预算委员会由单位主要领导、财务负责人和各职能部门的负责人构成，负责预算和资金使用方面重要事项的决策；采购领导小组由单位分管领导、采购归口部门领导和财务负责人构成，负责预算、立项、审批、招投标、合同签署、验收、资金支付及评价的一系列活动；专项监督小组由单位分管领导、审计部门和财务负责人构成，负责对单位各项业务进行专项监督。对于内部控制的建立及日常实施工作，单位可以将内部控制职能赋予现有常设机构的内设岗位，同时根据单位决策、执行和监督工作的需要设置非常设机构。

除了从组织形式入手外，组织架构的另一内容是建立单位的内部自我约束机制。就内部控制而言，所谓机制，是指以所设机构为载体，建立科学的执行程序和完善的制度规范，并通过监督和评价来激励程序和规范的有效执行，以此实现规则制衡，其实质是对单位各机构关系的一种协调。简单地说，机构设置及权责分配从静态角度呈现了内部控制在单位整体上是如何做出安排的，而机制建立则以动态视角说明了内部控制在单位进行机构设置和权责分配以后应如何开展的问题。因此，单位组织架构的设计还包括在决策、执行、监督三大机构基础上运行的决策机制、执行机制和监督机制的建立。

（二）在内部控制体系中的作用

组织架构作为单位内部环境的有机组成部分、在内部控制体系中处于基础地位。组织架构是单位开展风险评估、实施控制活动、促进信息沟通、强化内部监督的基础设施和平台载体。一个科学高效、分工制衡的组织架构，可以使单位自上而下地对风险进行识别和分析，进而采取控制措施予以应对，可以促进信息在单位内部各层级之间、单位与外部环境之间及时、准确、顺畅地传递，可以提升日常监督和专项监督的力度和效能。

二、组织架构设计的基本要求

（一）制衡性原则

制衡性原则是行政事业单位组织架构设计的核心原则，这一原则要求单位确保决策机构、执行机构、监督机构相互分离，并进行合理的权责分配，在单位内部的部门管理、职责分工、业务流程等方面形成相互制约、相互监督的机制。具体地说，负责经济活动决策的机构不应参与具体执行过程，负责执行活动的机构无权自行决策，而负责监督的机构则需独立于决策与执行机构，以确保其监督效果。单位在具体进行岗位设置时要判断哪些属于不相容岗位并进行分离，且以书面形式，如岗位说明书、权限指引等形式使各个岗位的职责权限明确化、具体化，达到相互监督同时兼顾效率的目的。

（二）适应性原则

适应性原则包括两方面：一方面，是指单位的组织架构设计应当根据自身要求，结合单位现实与编制情况，设置不同的部门机构和岗位，在现有编制内灵活设计工作机制，选择合适的方式组织协调内部控制的建立、实施及日常工作。例如，单位可以将内部控制职能赋予现有的常设机构内设部门或岗位，也可以根据单位决策、执行和监督工作的需要调配内部管理机构或岗位组建非常设机构。另一方面，适应性原则要求单位组织架构在保持相对稳定的同时具备一定的灵活性，随着外部环境的变化、单位经济活动的调整和管理要求的提高、组织架构也应不断修订和完善。

（三）协同性原则

行政事业单位组织架构的设计要立足于整体，全面考虑单位经济活动的决策、执行和监督全过程，在此基础上，单位应当关注重要经济活动和经济活动的重大风险，并在组织架构设计时对此做出适当的安排。这种点面结合的组织架构设计有利于提高控制协同性，降低控制成本。

三、职责分工

行政事业单位是以执行国家行政管理、组织经济建设和文化建设、维护社会公共秩序为职能，以满足社会福利、文化、教育、科学、卫生等方面需要，提供各种社会服务为直接目的的组织。单位在履行行政职能时，需要按照单位机构和编制的要求，设置单位机制机构和岗位的职责分工。按照不同行政职能，单位可以设置不同的业务部门，提供专业的社会服务。同时，为了维持单位的日常运转和各项业务的开展，单位还需要设置办公室、财务部门、内审部门、纪检部门等部门。从行政事业单位内部控制角度来说，单位领导应根据内部控制的总体要求，划分单位各内设部门和二级单位的职能，厘清各部门在组织层级和业务层级内部控制中的角色和分工。

职责分工可以分为组织层级和业务层级。组织层级职责分工是按照不相容岗位分离的制衡原则，确定单位领导和分管领导对内设部门和下属单位的管理职权划分。业务层级则是根据各内设部门和二级单位的职能进行划分，或者由单位根据业务分类和支出事项的不同特点自主设计职责分工和归口部门。比如在设有信息管理部门的行政事业单位中，信息系统和技术的采购业务归信息管理部门管理，并由其负责前期论证、招投标标准和验收等业务环节。而日常办公用品的采购则归办公室管理，固定资产的采购可由专门的资产管理部门管理。行政事业单位可以根据各业务的特点，设置或确定归口部门，并设计其业务管理环节和模式。

四、三权分立

（一）三权分立的作用

所谓三权，是指行政事业单位经济活动过程中涉及的决策权、执行权和监督权。

三权分立要求单位在进行权力分配时有意识地将这三种权力归属到三个不同的机构，达到权力制衡的效果。

在行政事业单位中，将决策权、执行权、监督权三权分立是实现科学决策、有序执行和有效监督的基本保障。单位决策者客观地评估经济活动的风险，根据资源配置最优化要求做出科学的决策，这一科学决策将起到从起点上控制和约束执行者的作用；单位执行者根据已有的决策，进一步细化执行过程中的职责和权限，协调有序地执行决策，同时及时将执行情况反馈给决策者，以便实现决策的优化调整；单位监督者以独立于决策和执行的身份，对决策者是否做出了科学合理的资源配置决策，执行者是否严格执行已有决策进行监督，以便及时发现单位内部控制中存在的问题，促进单位完善内部控制体系。只有决策、执行、监督三权相互分离，才能起到有效制衡的效果。任何两种或者三种权力的合并都可能导致权力滥用、成为滋生腐败的温床。

（二）决策机制

行政事业单位决策一般由单位领导班子决定。单位领导班子成员由行政、党委和纪检的主要领导组成。这要求各单位领导班子充分发挥其领导和管理作用，在决策前实现信息公开，决策中采用集体讨论的形式，决策后也要实行对效率和效果的跟踪，实现决策客观和高效。

行政事业单位决策机制应该包括三个方面：第一，合理的决策议事制度，让每一个领导班子成员都能够充分行使职权，坚持决策的客观性，贯彻民主集中制，建立健全集体研究、专家论证和技术咨询相结合的议事决策机制。大额资金使用、大宗设备采购、基本建设等重大经济事项的内部决策，应当由单位领导班子集体研究决定，实施单位办公联席会议或者专项讨论会制度。第二，详尽的决策记录制度，让记录如实反映每一个领导班子成员的决策过程和意见。在认真做好记录的基础之上，要向每一位领导班子成员核实记录并签字，并及时归档。第三，可操作的决策问责制度、让决策的效果与相关人员的升迁降免挂钩。在此过程中，要正确处理好集体决策和个人负责的关系，集体决策不意味着要集体负责，因为集体担责的结果往往会是无人担责，要建立健全责任追究制度，把责任具体落实到每个人身上、二者有机结合，才能使决策得到严格的落实和贯彻。

（三）执行机制

行政事业单位决策的执行由具体的承办部门完成，通常涉及财会部门、预算管理部门、采购部门、资产管理部门等。

行政事业单位的执行机制应该包括三个方面：第一，不相容岗位的分离及问责机制的落实，单位应当切实区分哪些岗位是不相容的，对各个岗位的职责权限应当明确化、具体化，并以岗位说明书、权限指引等呈现，使每个在岗人员清楚地意识到自身在内控体系中的位置和职责。第二，网络化立体控制。执行过程中不仅要有基于等级关系的纵向控制，如授权审批制度、内部报告制度等上下级之间的控制，还要有基于平行流程的横向牵制，某业务的执行往往需要多部门合作完成，如采购业务，由采购需求部门提出采购申请，单位采购小组负责招标投标事宜，由财会部门负责资金支付，各部门协调执行才能保证采购业务顺利完成。第三，以制度保障执行。单位制度具有刚性遵守的特征，它们详细规定了应当遵守的程序和未能遵守的行为相关的惩罚措施。以制度规范执行是内部控制的重要原则之一，通过完善的制度，使得单位人员行为合规化。一方面提高了执行效率；另一方面克服了个人的固有缺陷，提高组织的理性化程度。

（四）监督机制

内部监督是单位对内部控制建立与实施情况进行监督检查，评价内部控制的有效性，对于发现的内部控制缺陷，及时加以改进。它是实施内部控制的重要保证，是对内部控制的控制。内部监督处于内控五要素金字塔的顶端，它是针对内部控制其他要素的，自上而下的单向检查，是对单位内部控制质量进行评价的过程。内部监督以内部环境为基础，信息和沟通为支持，与风险评估、控制活动共同形成三位一体的闭环控制系统。

行政事业单位监督机制应当包括三个方面：第一，单位内部审计监督。单位应当设置内部审计部门，并确保机构设置、人员配备和工作的独立性，负责对行政事业单位的预算执行情况、会计报告的编制和披露情况进行监督检查，是对内部管理控制、内部会计控制和财务控制的再监督。内部审计机构对监督检查中发现的内部控制缺陷，应当及时向单位领导班子进行报告。第二，单位纪检监察部门监督。党委纪检监察部门负责对党员进行监督，严格执行党的纪律，抓好党风廉政建设，坚决同腐败现象做斗争。监察机构负责对国家行政机关和国家公务人员的监督检查，保证政令畅通，促进监察对象正确履行职责、依法办事、廉洁奉公、恪尽职守、勤政高效地为人民服务。第三，上级主管部门监督。上级主管部门对本单位各项业务的内部控制情况进行总体监督。

五、关键岗位责任制

关键岗位责任制是指行政事业单位结合本单位性质、预算类型、收支管理特点，对某些对内部控制目标实现有重要影响的关键性岗位，明确其岗位职责权限、人员分配，以及按照规定的工作标准进行考核及奖惩而建立起来的制度。

第二节　决策机制

一、风险评估制度

行政事业单位在实现单位目标的过程当中会受到内外部环境的影响，风险评估就是单位通过一定的技术手段找出那些影响战略目标实现的有利和不利因素，并对其存在的风险隐患进行定量和定性分析，从而确定相应的风险应对策略。它是实施内部控制的重要环节，是采取控制活动的根据。

二、专家论证制度

为优化决策、降低风险，更合理地进行有限资源的有效配置，行政事业单位应建立专家论证制度，即对业务或项目的可行性进行分析论证，并将论证结果作为决策的依据之一。

三、审核审批制度

审核审批是从决策到执行的重要环节，审核审批控制直接关系着财政资金的使用效率和效果，对控制目标的实现产生直接影响。行政事业单位应当根据权责对等原则建立分级授权审核审批制度。另外，应建立“三重一大”事项决策审批机制和会签制度。行政事业单位应当在各级单位实行集体决策审批制度，对重大决策、重大事项、重要人事任免及大额资金支付业务建立科学完善的集体决策机制，任何人不得单独进行决策或者擅自改变集体决策意见。完善的审核审批制度有助于明确权利和义务，层层落实责任，层层把关，帮助单位最大限度地规避风险。

四、集体决策制度

行政事业单位对重大经济活动的决策应当实行集体决策制度，防范“一言堂”或者“一支笔”造成的决策风险和腐败风险。

第三节 执行机制

一、内部控制实施责任制度

内部控制实施责任制度是指明确相关人员的内部控制组织实施职能及相应的责任。一般地，单位领导班子对单位内部控制的建立健全和有效实施负总的责任；各级执行机构对内部控制的具体实施负责；内部审计、纪检监察等作为监督机构对内部控制的设计合理性、实施有效性以及存在的缺陷进行客观的评价和监督。单位可以根据规范的要求和单位的实际情况设置或确定内部控制职能部门或岗位，负责组织协调内部控制制度建立、实施及日常工作。内部控制责任制度要建立健全责任和绩效考核体系，将内部控制实施责任与干部升迁和奖惩相关联，实现内部控制的真正落地和广泛参与。

二、权责分工明确

行政事业单位组织层级内部控制要求单位在执行机制中要明确权责和职能分工，划分单位内设部门、下属单位和岗位的权力、责任和利益范围，实现权责利的对等分配。在执行过程中，各执行部门、单位和岗位要根据授权审批原则明确其在组织层级内部控制中的地位和作用，按照分工实施各自的功能，将其权利与义务相匹配、权力和利益相联系，义务和利益相制衡。业务层级内部控制要求各个业务单位对业务权限进行界定，各自分工，不能越权管理，同时还要注意业务部门之间的协同合作，提高运行效率，完成业务流程中各个内设部门、业务单位和岗位的配合。

三、控制制度体系化

控制制度体系化要求单位建立内部控制的控制标准和控制手段，明确各个控制活动的主要任务。

（一）不相容岗位相分离

简单来说，不相容岗位相分离控制是指单位经济业务的可行性研究与执行要分离，决策审批与执行要分离，执行与记录、监督要分离，物资财产的保管和使用、记录要分离。单位的不相容岗位主要有：授权批准岗位、业务经办岗位、财产保管岗位、会计记录岗位和稽核检查岗位，这五种岗位之间应严格分离，不能混岗。

（二）内部授权审批控制

内部授权审批控制是指对审批的权限和级别进行规定，包括分级审批、分额度审批、逐项审批三种方式。

分级审批是指下级单位发生某经济行为时需要报上级单位审批的控制方式。该方式适用于对支出有统一规范的事项，如所有出国（境）经费统一由单位人事处审批。

分额度审批是指按照经济行为的发生额度，分别明确归属不同审批权限人审批的控制方式。如单笔支出金额在一定额度（如 3 万元）以下的支出事项，按照支出事项性质，分别由办公室负责人、财务负责人审批；单笔支出金额在一定额度（如 3 万 ~ 10 万元）的支出事项，由分管财务领导审批；单笔支出金额在一定额度（如 10 万 ~ 20 万元）的支出事项，经财务或分管财务领导出具审核意见后，提报单位领导审批；单笔支出金额超过一定额度（如 20 万元）的支出事项，提报单位办公会审议后按照审议结果执行。

逐项审批是指按照经济行为的性质，由审批人逐项审批的控制方式。该方式主要适用于对项目支出事项及其他特殊性质事项的审批，如出国（境）经费统一由单位领导逐项审批。

（三）归口管理

归口管理是指明确支出事项的归口管理部门的控制方式。该方式适用于支出事项由归口责任单位提出预算执行申请，且该预算也在本单位的支出事项之列，如水电费与行政印刷费归口办公室管理、培训费归口人事处管理等。

归口审核是指明确支出事项的归口审核部门的控制方式，该方式适用于根据相关规定，需提报相关专业部门审核后方能执行的支出事项，如会议费（业务）与交通费（燃油费、保险费、车船税、维修费）归口办公室审核、信息化项目支出归口信息中心审核等。

（四）预算控制

通过预算控制，可以规范组织的目标和经济行为过程，调整、修正管理行为与目标偏差，保证各级目标、策略、政策和规划的实现。行政事业单位加强预算控制主要可以从以下几个方面展开：（1）扩大预算范围，力争将单位财务收支事项全部纳入预算，实行统一核算，统一管理，严格执行国库集中收付制度；（2）按照财政预算批复在单位进行内部预算批复，明确各预算指标的支出方向，设置预算指标的执行规则并遵照执行；（3）规范预算追加和调整的程序，预算调整必须经过严格授权审批，保证预算的严肃性；（4）将预算管理与单位内部责任相结合，加大责任预算体系控制力度、将组织收入、控制支出的权力与责任落实到岗位，落实到具体人员、各司其职，各负其责；（5）将资产保护控制与预算控制衔接起来，实现风险监控的实时性，做到资金分配使用到什么地方，风险控制就追踪到什么地方。

加强预算控制能够提高预算的透明度和管理水平，规范和制约行政事业单位的行为。有效的预算控制作为单位实施内部控制、防范风险的重要手段与措施，是单位实现发展战略和年度经营目标的有效方法和工具，有利于单位实现制约与激励目标，也可促进单位内部资源优化配置、提高资金使用效率。

（五）资产保护控制

资产保护控制的措施应该包括以下五项:(1）财产档案的建立和保管。单位应当建立财产档案，全面及时地反映单位资产的增减变动，以实现对单位资产的动态进行记录和管理；单位应该妥善保管涉及财产物资的各种文件资料，避免记录受损、被盗、被毁。由计算机处理、记录的文件要有备份，以防数据丢失。(2）限制接近。严格限制未经授权的人员与资产直接接触，只有经过授权批准的人员才能接触资产。限制接近包括限制与资产本身的接触和通过文件批准方式与资产使用或分配的间接接触。(3）盘点清查。单位应该定期或者不定期地对固定资产等实物进行盘点，对银行存款、库存现金进行清查核对，将盘点清查的结果与会计记录进行比较核对，并进行差异处理。(4）财产保险。单位可以根据实际情况，考虑对其重要或特殊的资产投保、使得单位可以在意外发生时通过保险获得补偿减轻损失程度。(5）明确流程。对实物资产的领用、维修保养、出售以及报废的流程进行明确规定，以确保资产管理有章可循。

（六）会计控制

加强会计控制主要可从以下几个方面展开:(1）完善会计控制制度，确保内控方式、技术、手段等有章可循，特别要关注预算控制对会计控制的影响。(2）设置合理的会计岗位，确保各岗位权责明确，相互制衡。(3）提高单位会计人员职业道德、业务水平,确保财务人员正确履行职责。(4）建立完善的会计处理程序、严格的核对制度、确保会计信息真实有效。(5)加强会计档案的保管控制和管理。(6)规范会计基础工作，明确会计凭证、会计账簿和会计报告的处理程序。

（七）单据控制

单据控制是明确执行支出事项内部表单（单据）的控制方式，如行政事业单位公务接待审批单，需注明接待时间、地点、来宾人数、接待要求、经费合计等内容；差旅费表单签报，需明确出差地点、天数、人数、出差事由以及所对应的预算项目等内容；会议费表单，会务审批结算单应列明会议议题、议程、会期、地点、会议代表和工作人员数量及各项费用构成等内容。票据控制是明确支出事项报销单据的控制方式。从适用范围来看，单据控制可以分为内部单据控制和外部单据控制，分别对来自单位外部的发票等票据和内部来源表单进行控制，如差旅费报销单据要求提交住宿费发票（住宿费发票必须填写姓名、住宿起止日期等），不允许提供旅行社开具的发票、火车票、飞机票等。

（八）信息公开控制

各级行政事业单位应当建立健全本单位政务信息公开制度，并指定机构负责单位政务信息公开的日常工作，具体职责是：具体承办政务信息公开事宜；维护和更新政务信息；组织编制政务信息公开指南、政务信息公开目录和政务信息公开工作年度报告；对拟公开的政务信息进行保密审查；本单位规定的与政务信息公开有关的其他职责。

（九）信息技术控制

与信息技术相关的控制可以分为两种类型：一般控制和应用控制。一般控制包括以下方面的控制：（1）数据中心运行（如工作计划、备份和恢复程序）。（2）系统软件控制（如操作系统的获取和实施）。（3）访问安全。（4）应用系统开发和维护控制（如个别计算机软件应用的取得和实施）。应用控制旨在控制数据处理，并有助于确保交易处理的完整性、准确性、授权明确性和有效性。应用控制也包括不同应用程序间的交互接口以及数据交换的方式。

完善的信息技术控制有利于提高单位内部控制效率和效果，集中体现在以下几点：（1）信息化提高了信息的时效性和准确性。（2）信息化固化了业务流程，减少了人为因素的影响。（3）信息化提高了不相容职务分离控制的执行力。（4）信息化提高了授权审批控制效力。（5）信息化为单位提供了更加有利的沟通环境。

信息技术是一把双刃剑，在有助于单位科学决策、加强管理、堵塞漏洞、降低风险的同时也会带来相关风险：（1）信息技术扩大了风险的范围。（2）信息技术给传统的会计信息系统控制提出了新的要求也带来新的风险。（3）网络操作系统的漏洞和应用程序设计的瑕疵带来的风险。（4）不同类型事项的审批流程和跨组织审批业务的复杂性给授权审批控制带来了新的风险。

四、信息技术的利用

随着信息技术在内部控制方面的广泛应用，行政事业单位内部控制的信息化也成为一种必然趋势。

内部控制的信息化系统是指将内控理念、控制活动、控制手段等要素通过信息化的手段固化到信息系统，实现内部控制体系的系统化与常态化。

第四节　监督机制

一、日常监督制度

行政事业单位的监督不能仅依赖于特定时间、特定部门、特定项目的监督，应将监督机制贯穿于日常经济活动中。单位在实施日常监督过程中，首先要做到完善本单位的财务等内部监督制度，建立起单位领导班子对国家法律负责、财务会计人员等各主管人员对本单位领导班子负责的内部控制监督机制，从而在根本上保障各项会计等相关信息的完整与真实；其次要在财务会计人员进行常规会计核算的基础之上，对单位内部各岗位、各业务实施常规性和周期性的检查；最后要以本单位的审计、纪检等部门为主体，建立起以防为主的内部监督机制，从而化解各类常规风险。

二、内部审计制度

内部审计制度是行政事业单位内部监督体系的重要组成部分，有效的内部审计制度可以及时发现并纠正内部控制缺陷，将行政事业单位的风险控制在可接受的范围内。内部审计是一项独立的、客观的确认和咨询活动，目的是改进单位工作质量、提高效益。它通过系统化、规范化的方法，评价和改进单位的控制和管理的效率。

行政事业单位建立内部审计制度应当考虑以下两方面：

（1）保证内部审计的独立性。内部审计部门的设置应独立于决策机构和执行机构；内部审计机构的成员不应当参与审计事项相关的决策或执行过程。

（2）保证内部审计的权威性。内部审计机构成员应被授予足够的权力来公正、客观地开展审计工作，同时通过提升内部审计机构在组织架构中的层次来增强内部审计工作的权威性。

三、绩效考评制度

绩效考评是指行政事业单位运用特定的标准、采取科学的方法，对承担职责的各级管理人员工作成绩做出价值评价的过程。绩效考评的重点是全面、客观、公正、准确地考核领导干部政治业务素质和履行职责的情况，加强对领导干部的管理与监督、激励与约束。建立健全科学的绩效考评制度，是推进干部工作科学化、民主化、制度化的重要举措，对于建设有活力、有纪律的领导班子具有重要意义。另外，绩效考评可以和岗位责任制结合使用，充分发挥两者优势互补的作用。

单位可建立起绩效考评机制，每年组织纪检、财务、审计人员，依据制定的考评实施细则对本单位、所属单位的内部控制建设和财务管理情况，尤其是内部控制的薄弱环节及容易产生损失的失控点，进行跟踪检查。对于严格落实内控制度的，进行表扬和鼓励；对于内控制度不落实造成的决策失误、保障不及时、供应不到位、开支不合理等，坚持追究有关领导及相关人员的责任，确保财务管理规定、内部控制制度的高效落实。

第五节　协同机制

一、机构人员的协同机制

行政事业单位组织层级的协同机制设计是指为了实现业务流程内部控制，从组织机构和人员岗位上对业务流程进行总体优化。可以说，单位内设部门和二级单位的组织机构和人员的协同效应，是在单位组织机构职能的履行过程中体现的，也是在单位各业务流程中实现的，所以，单位机构人员的协同机制在组织层级中发挥着重要作用。

单位领导在组织层级协同机制中发挥带头作用，是单位内部控制建设和实施的总负责人，其职责是领导单位所有机构（包括内设部门和下级单位）和全体工作人员进行内部控制机制的设计、全面实施内部控制、制定内部控制的相关管理制度、设置所属机构的职责分工和工作机制、设计关键岗位的工作流程、评价内部控制的有效性和缺陷、形成内部控制评价报告。所属机构负责人要根据本部门的职责分工和内部控制机制，掌握内部控制的方法，全面实施内部控制制度。各部门应积极参与内部控制的建设、实施，并对本部门内部控制的有效性和缺陷进行评价，形成本部门的内部控制评价报告。全体工作人员应学习和掌握内部控制的理念和手段，领会单位领导和部门负责人的实施方案，明确关键岗位的职责分工，将内部控制建设转变为全体工作人员共同的任务，提高内部控制参与的广泛性和积极性。

二、业务流程的协同机制

行政事业单位内部控制的核心控制措施是指通过业务流程的管控实现内部控制的目标，提升单位的管理水平，防范舞弊和腐败的滋生。一般来说，行政事业单位内部控制主要包括预算控制、资金收支控制、采购控制、工程项目控制、资产控制、会计控制和合同控制等主要业务流程。这些业务流程构成行政事业单位业务层级内部控制，并作为内部控制的主要控制措施。但是，这些业务流程之间有着非常紧密的联系，往往是几个业务流程相互配合、相互验证和相互监督来完成内部控制的目标。虽然本书在行政事业单位业务层级内部控制中对各个业务流程进行分别论述，但是从整体上对各个业务流程之间的关系进行梳理，阐述业务流程之间的协同机制则显得格外重要。

行政事业单位内部控制业务层级的实质就是“以预算为主线、资金管控为核心”，其他业务则或者作为管控对象，或者作为预算控制和资金收支控制的管控方法。这不但说明预算控制和收支控制在业务层级内部控制中的地位和作用，也说明了两者之间的关系。预算控制作为行政事业单位普遍使用的主要内部控制手段，是对资金收入和使用计划的管理，使之成为资金收支控制的基础。由于行政事业单位的特殊属性，其资金来源大部分为财政资金，单位掌握大量公共资金、公共资源和国有资产，具有非营利性，因此，资金使用的合规性和有效性成为单位内部控制的主要目标。预算控制作为保证资金收入和使用的合规性、效率性和科学性的有效方法，按照以前年度的预算编制和执行情况，编制本年度的全部资金收入和支出预算、并作为预算执行和绩效考核的基准，是其他业务的起点和依据，也是对其他业务流程执行效果的检验和考评，发挥着内部控制主线的作用。

资金收支控制是在预算控制的指导和监督下，在实际资金收入和支出环节对收入和支出事项进行具体事务审批、科目审核和资金支付审核。资金收支控制是预算批复中批复规则在执行过程中的实际应用，资金收支从预算计划转为具体资金收入和支付，完成从计划到实现的过程。同时，资金收支控制是除了预算控制之外的其他业务流程的实际资金支出的审批和支付环节，除了预算控制和会计控制外，其他业务流程都会涉及资金支付环节。

采购控制是一种特殊的商品和服务购买的方式，是按照预算批复的结果，对列入政府采购和单位自行采购的支出计划进行控制。采购控制是通过预算控制，严格对采购支出计划实行预算管理，并根据预算进行采购资金支付。采购合同签订后，采购进入合同控制阶段，将前期预算编制和采购计划转变为具有法律效应的合同，并按照合同进行资金支付、组织验收与合同备案等。在资金支付过程中，采购进入资金支出控制流程，符合资金支出控制的一般程序和方法。采购形成的资产则进入资产控制业务流程。

工程项目控制应按照预算批复结果进行工程前期论证，需要工程商品或服务购买的则通过工程类采购控制流程进行管理、同时结合合同控制制度对工程项目各个阶段进行规定和监督，最后形成单位资产，进入资产控制环节。

资产的形成在行政事业单位可以分为自建工程管理和自行购置两种。自建工程管理应与单位预算控制、采购控制、工程项日控制和合同控制相关联；而自行购置则应对照单位预算批复中的资产采购计划，按照单位资产购置的标准进行资产采购，通过合同控制形成单位资产。资产控制过程中要明确资产使用规则和处置标准，实现资产的安全和有效使用。

会计控制是单位资金管控的重要内容，各个业务流程中会计人员素质的高低、会计账簿体系的完整、会计核算和监督的科学性都会影响业务流程的正常运行。

合同控制是按照单位预算控制的内容、将单位商品和服务采购计划及工程项目计划通过法律合同的形式进行规范化和程序化，大多数合同最终形成单位资产转入资产控制业务。单位对合同订立、履行和档案管理的重视，可以提高单位预算控制和采购控制的效率和效果，避免单位承担相应的法律风险。

三、信息沟通的协同机制

行政事业单位信息沟通的协同机制主要包括用于单位内部决策和考评的管理信息和用于内部与外部披露的财务信息。

（一）管理信息

管理信息是指行政事业单位为满足领导层的决策管理需要而编制的反映行政事业单位财务状况、预算资金使用情况和运行管理状况的经济信息。管理信息通过正式的信息沟通方式向组织成员传达，与领导层决策相联系，为领导层提供决策、控制、评价、沟通所需要的各种信息，帮助领导层做出与战略目标保持一致的决策；或者促使会计控制和管理控制的有效运作；或者为分析预算的执行情况或分析财政资金的使用效率和效果提供重要的信息基础。因此、管理信息的最大作用是将内部控制的相关信息整合成符合内部管理需求的信息，可以有效地提高信息沟通的效率和效果。例如，就预算而言，单位财务处根据预算台账与会计账每个月进行核对，编制财务报表、预算执行情况表、预算分析表，分别同会计账簿和报表比较，将预算执行情况与预算进行对照和比较、找到差异，分析原因定期编制预算分析报告，逐级呈报领导批示，及时发现和纠正存在的问题、为科学的预算决策提供支持。就收支管理而言，会计处预算岗和会计岗对经费收支情况进行汇总分析，按要求定期编制分析报告、及时、有效地反映经费收支管理可能存在的风险，为领导层决策提供参考。单位还可以根据需要建立定期分析报告机制，如资产评估报告等。

（二）财务信息

财务信息指由行政事业单位财会部门编制的反映单位某一特定日期财务状况和某一会计期间业务活动情况和预算执行结果的经济信息。财务报告包括会计报表和财务情况说明书，会计报表至少应当包括资产负债表、收入支出表等报表。规范的财务报告制度需要有效的会计控制来支撑，而真实可靠的财务报告不仅是领导层决策的重要参考依据，同时也因其客观、公正地反映单位经济活动整体状况、起到了真实反馈单位整体内部控制执行情况，促进完善单位内部控制的作用。

单位财务信息的重点在于保证财务报告信息的真实、准确、完整，财务报告的编制和报出由单位财会部门负责，因此单位首先应强化会计控制。由于行政事业单位的会计控制要和预算控制相匹配对接，这也是其区别于其他单位的特殊控制活动，因此，行政事业单位会计控制不仅要满足行政单位会计制度的要求，还要满足预算管理的要求。

单位财务信息不但要满足单位管理的需要，还要作为单位的信息产品对外披露，满足上级单位、外部监管部门、新闻媒体和社会公众对信息的需求。单位要针对不同的信息需要主体的需求，披露不同内容和格式的信息。

第三章　事业单位内部控制体系构建

第一节　行政事业单位内部控制的组织机构

一、行政事业单位内部控制领导小组的建立

（一）建立领导小组的原因

1. 法律规定

根据《行政事业单位内部控制规范（试行）》第六条：单位负责人对本单位内部控制的建立健全和有效实施负责。从而要求每一个行政事业单位进行内部控制时，必须设置领导小组，并且要求单位负责人亲自去抓本单位的内部控制问题。

2. 单位内部控制工作部署的要求

行政事业单位内部控制是一个复杂的系统工程，包括了内部控制体系的设计、实施、监督与评价等等工作的全过程，业务几乎覆盖了单位的每一个角落，必须运用到单位的人力、物力、财力等资源。因此，必须取得该单位最高领导层的充分支持。在此基础上，才能够让单位内部控制的工作部署得以更好地落实。

（二）建立单位内部控制领导小组的方法

（1）本单位派出相关人员参加行政事业单位内部控制专题培训。

（2）学习人员向本单位领导汇报行政事业内部控制专题培训情况，包括本次学习时间、学习的内容、学习的资料、学习的效果、主管部门在本次学习后提出的内部控制工作进度要求等。

（3）取得单位领导层对本单位内容控制体系工作的支持。

（4）通过领导层会议讨论，初步确定领导小组名单。

领导小组的人员一般包括本单位正职领导，其他副职领导若干名，本单位各部门负责人，本单位纪检、审计、监察、财务、内控等人员。

（5）领导小组的名单或者其他内容，可以在内部进行公示，进行意见征询。

（6）确定本单位内部控制领导小组的名单，并以正式文件的形式最终予以确认。

（7）本单位内部控制领导小组的名单，上报给主管部门备案，并报同级财政部门备案。

（三）本单位内部控制领导小组工作职责

（1）单位领导小组是单位内控体系建设的最高权力机构，全面负责单位内部控制规范体系建设工作的实施。

（2）单位领导小组要建立健全议事决策制度和规则。

（3）建立单位内部控制规范实施机构。

（4）建立单位内部控制规范监督检查机构和自我评价机构。

（四）本单位内部控制领导小组工作内容

单位内部控制领导小组全面领导本单位内部控制的主要工作，并负有最主要的领导责任，其工作主要包括下述内容：

（1）本单位内部控制工作体系的设计。

（2）本单位业务流程的梳理和调整。

（3）本单位内部控制主要风险的评估。

（4）研究并制定本单位内部控制的各种方案。

（5）制定本单位内部控制的各种配套制度。

（6）制定本单位内部控制建立与实施的监督检查制度。

（7）制定本单位内部控制实施效果的自我评价制度。

（8）制定本单位内部控制员工手册。

（9）完成其他与本单位内部控制有关的工作。

（五）本单位内部控制领导小组的分工

分工应以内部通知的形式告知本单位所有人员。

（1）组长领导和管辖内控小组的全面工作。

（2）一名副组长负责领导其中一个小组进行本单位业务的调查和梳理，包括旧管理制度的收集和评估以及新管理制度的修订和实施监督等。

（3）一名副组长领导一个小组进行本单位业务内控情况的分析，进行内控制体系的设计，并向本单位内控领导小组汇报。

（4）一名副组长领导一个小组进行本单位业务流程和业务环节的风险分析，并提出风险应对的建议。

（5）一名副组长领导一个小组进行本单位内部控制实施的监督检查。

（6）一名副组长领导一个小组进行本单位内部控制实施的自我评价。

（六）相关规定

1.《行政事业单位内部控制规范（试行）》第六条规定："单位负责人对本单位内部控制的建立健全和有效实施负责。"

单位内控体系是"一把手"工程，领导要以身作则，约束权力，让权力在阳光下运行。有条件的单位还应当主动接受社会中介机构提供的内控审计，以提高内控实施的质量。

"一把手"在单位内部控制工作中的职责。

（1）主持召开会议讨论内部控制建立与实施相关的议题。

（2）主持制定内部控制工作方案，健全工作机制。

（3）主持开展内部控制工作分工及人员配备等工作。

（4）权力运行机制及权力运行监督机制的构建，确保决策权、执行权、监督权相互制约、相互协调，定期督查决策权、执行权、监督权等权力的行使情况，及时发现权力运行过程中的问题，予以校正和改进。

2.《行政事业单位内部控制规范（试行）》第十四条规定：单位经济活动的决策、执行和监督应当相互分离。

单位应当建立健全集体研究、专家论证和技术咨询相结合的议事决策机制。

重大经济事项的内部决策，应当由单位领导班子集体研究决定。重大经济事项的认定标准，应当根据有关规定和本单位实际情况确定，一经确定，不得随意变更。

二、行政事业单位内部控制的实施执行组

行政事业单位内部控制的实施执行组，实际上是单位内部控制领导小组下面的内部控制牵头部门，领导小组应当指定实施执行组的主要领导人员。

（一）行政事业单位内部控制实施执行组的主要职责

（1）对本单位内部控制领导小组负责，执行领导小组的工作安排。

（2）负责领导、组织、协调本单位内部控制体系的建立实施与运行维护。

（3）构建本单位内部控制实施所需的各个机构，并领导机构的运作。包括组建业务梳理分析组、风险评估组、制度完善组等。

（二）行政事业单位内部控制实施执行组的主要任务

（1）建设本单位内部控制学习培训体系。

（2）梳理本单位各项经济活动的流程与各环节的具体内容。

（3）分析上述流程和环节的风险类别与风险点，形成风险数据库或者风险评估报告。

（4）根据确定的风险完善业务流程，制定各个环节更完善的制度。包括内部控制单位层面控制制度和业务层面控制制度。

（5）指导贯彻新制度的执行落实。

（6）汇总所有建设成果，按相应层次编制成册，形成本单位内部控制规范管理手册。

（7）接受本单位和内部控制监督机构的监督检查，接受本单位内部控制实施评价机构的评价，并对需要完善的地方进行整改。

（8）接受财政、审计等部门对本单位内部控制实施的监督检查，接受社会中介机构对本单位内部控制实施的评价，并对需要完善的地方进行整改。

（三）行政事业单位内部控制实施执行组的相关法律规定

《行政事业单位内部控制规范（试行）》第十三条规定：单位应当单独设置内部控制职能部门，或者确定内部控制牵头部门，负责组织协调内部控制工作。同时，应当充分发挥财会、内部审计、纪检监察、政府采购、基建、资产管理等部门或岗位在内部控制中的作用。

（四）实施执行组下属的工作机构

1. 学习培训宣传小组

行政事业单位必须加强单位内部控制的学习培训和宣传，这是做好内部控制实施工作必不可少的环节。单位应当形成内部控制学习培训体系。

2. 业务梳理小组

为了深化单位内部控制的实施，行政事业单位要对现有流程进行“白描”。

“白描”意即梳理流程时，应当直白、简洁、明确、清晰，但要充分反映现有流程的实际情况。

在对流程进行“白描”的基础上，对单位层面的各项管理流程和预算业务、收支业务、政府采购业务、资产管理、建设项目管理、合同管理等经济活动的各项业务流程进行梳理、再造，重新编制各项工作业务流程图。

《行政事业单位内部控制规范（试行）》第七条规定：应当根据本规范建立适合本单位实际情况的内部控制体系，并组织实施。具体工作包括梳理单位各类经济活动的业务流程，明确业务环节。

3. 业务风险评估小组

风险评估是行政事业单位进行内部控制建设与实施中非常重要和关键的一环，关系着单位内部控制效率和成果的大小，因此必须高度重视。

《行政事业单位内部控制规范（试行）》第八条规定：

（1）单位应当建立经济活动风险定期评估机制，对经济活动存在的风险进行全面、系统和客观评估。

（2）经济活动风险评估至少每年进行一次；外部环境、经济活动或管理要求等发生重大变化的，应及时对经济活动风险进行重估。

《行政事业单位内部控制规范（试行）》第九条规定：

（1）单位开展经济活动风险评估，应当成立风险评估工作小组，单位领导担任组长。

这里强调的是组长必须由单位领导来担任，从而确认其重要性。

（2）经济活动风险评估结果应当形成书面报告，并及时提交单位领导班子，作为完善内部控制的依据。

4. 制度完善小组

行政事业单位内部控制制度是单位经济活动规范化的要求标准，只有具备了详细但高效而不复杂的制度，才能指引单位员工的工作流程和环节符合内部控制的要求，才能更低限度地防止内部控制的漏洞。

制度完善小组的工作人员，必须尽量熟悉和掌握国家和本地区的法律法规，以便在制定本单位制度时能与时俱进。

三、行政事业单位内部控制实施监督组和评价组

（一）行政事业单位内部控制监督组

1. 行政事业单位内部控制监督组工作机制

（1）组建日常监督小组。

（2）安排内部审计进行监督工作。

（3）借助党委和纪检的工作成果进行监督。

（4）借助单位内部的监察成果进行监督。

（5）借助单位绩效考评的成果进行监督。

2. 建立和运行行政事业单位内部控制监督应注意的问题

（1）监督部门应直接向内部控制单位领导小组汇报监督工作。

（2）单位的监督工作必须与单位决策、执行相分离。

（3）单位的监督工作必须与单位评价工作相分离。

（4）单位的监督工作必须保持高度的独立性。

（二）行政事业单位内部控制评价组

1. 行政事业单位内部控制评价的主要内容

行政事业单位内部控制评价的主要内容可以分为两个层级要素进行评价。

第一层级要素包括组织架构、决策机制、执行机制、监督机制和协同机制等。

第二层级评价要素是在第一层级的基础上进行细分。比如，执行机制可以分为实施责任制度、分工职责制度、控制制度体系化等。

2. 建立和运行行政事业单位内部控制评价应注意的问题

（1）单位内部评价部门应直接向单位内部控制领导小组汇报监督工作。

（2）单位的评价工作必须与单位决策、执行相分离。

（3）单位的评价工作必须与监督工作相分离。

（4）单位的评价工作必须保持高度的独立性。

第二节　行政事业单位内部控制的学习培训体系

一、行政事业单位内部控制学习宣传体系

（一）分级业务培训

此类的专题培训包括下述几种。

1. 省级财政部门行政事业单位内部控制专题培训

省级行政事业单位内部控制专题培训，一般包括下述内容：

（1）传达中央、财政部等关于行政事业单位内部控制的有关精神和要求。

（2）本省行政事业单位内部控制建设推进概况。

（3）本省各地市及县级行政事业单位内部控制推行与建设基本状况。

（4）本省行政事业单位内部控制相关的会计基础工作规范基本状况。

（5）本省政府综合财务报告制度、政府会计准则建设与实施状况。

（6）本省会计人员综合素质基本情况。

（7）与行政事业单位相关的法律法规、制度和业务知识培训。

2. 市级财政部门事业单位内部控制专题培训

省级行政事业单位内部控制专题培训，一般包括下述内容：

（1）传达中央、财政部、本省财政厅等关于行政事业单位内部控制的有关精神和工作要求。

（2）本省和本市行政事业单位内部控制建设推进概况。

（3）本市行政事业单位内部控制相关的会计基础工作规范基本状况。

（4）本市政府综合财务报告制度、政府会计准则建设与实施状况。

（5）本市行政事业单位内部控制先进单位的实施情况。

（6）本市会计人员综合素质基本情况，与行政事业单位相关的法律法规、制度和业务知识培训。

（7）对本市各区各县各直属单位推进行政事业单位内部控制的工作要求。

3. 区县级财政部门事业单位内部控制专题培训

区级、县级行政事业单位内部控制专题培训，一般包括下述内容：

（1）传达本省、本市关于行政事业单位内部控制培训的各项内容、精神与要求。

（2）介绍本地级市及其他县市行政事业单位内部控制先进单位的经验。

（3）部署本区本县行政事业单位内部控制的工作推进要求。

（4）相关行政事业单位内部控制知识体系的培训。

4. 本行业本系统内部控制专题培训

行政事业单位内部控制专题培训，一般包括下述内容：

（1）传达中央及本省关于行政事业单位内部控制的工作要求。

（2）本行业的特点及本行业在内部控制中容易出现的问题。

（3）本行业内部控制的重点和难点。

（4）与行政事业单位内部控制相关知识体系的培训。

5. 本单位内部控制专题培训

（1）传达本省、本县关于行政事业单位内部控制推进工作的要求。

（2）传达本区本县或者其他区县行政事业单位内部控制先进单位的事迹。

（3）与行政事业单位内部控制相关的知识体系培训。

（4）本单位主要业务类型及其流程介绍。

（5）本单位各业务环节的特点及其主要存在的风险。

（6）本单位目前内部控制进展情况及今后工作的主要方向。

（7）现场布置本单位内部控制的相关工作安排。

在单位内部进行专题培训时，还可以根据人员的不同进行分别培训。

（1）单位领导班子、内部控制规范实施机构成员主要学习内部控制规范的理论、原则、控制基本方法、风险评估程序、风险管控措施、自我评价要求等。

（2）单位非内控管理部门及其他人员，主要学习内部控制规范体系建设的重要意义、自己在内部控制规范中的作用、控制的基本方法、流程梳理及风险查找方法。

其中，工作人员是内部控制机制得以顺利运行的前提，必须提高内部控制相关人员的道德修养和专业素质。因此，对工作人员必须加强以下几方面培训：

（1）对业务经办人员进行政策教育，以及职业道德教育，以增强他们的纪律性，使其负有责任感，遵纪守法。

（2）加强会计人员的继续教育，坚持定期培训、定期考核，严格上岗资格，提高会计人员的专业知识和业务素质，使他们正确应用内部会计控制方法。

（3）加强内部审计人员的职业道德教育和技能培训，使他们掌握科学的内部审计方法，使内部审计真正起到对内部控制的监督作用。

（二）到内部控制实施的先进单位参观学习

到先进单位参观学习，可以从下面的角度加以观察思考。

（1）该单位的业务流程和业务环节的主要特色是什么？

（2）该单位内部控制领导小组每个人的角色是什么？是如何具体运行的？怎样保障高效运转？

（3）该单位如何让单位内部员工积极参与到本单位内部控制工作中来？

（4）该单位制定与实施的各项业务的主要规章制度有何与众不同的关键点？

（三）自我学习

关于本单位的内部控制制度，每一个单位员工都应该积极主动参与到其中的建设中来。因此，不断地对行政事业单位相关的知识体系加深学习，并结合本单位的实际情况提出自己的意见和建议，既是一种主人翁的权利，也是一种不容推卸的责任。

自我学习的途径包括下述几种：

（1）专业书籍。可以通过向单位借阅，或者自我购买的方式来实现。

（2）网络资料学习。可以通过查阅、下载等方式进行线上线下学习。

（3）电视学习。通过看电视新闻的方式，主动掌握关于行政事业单位内部控制的最新动态。

（4）行业内主流的报纸杂志。此类学习能使自己不断了解到相关专家的新观点、新动态，也能使自己的信息量与知识面得到不断扩展。

（5）与他人交流学习。

①自行组织学习小组，利用业余时间对相关内部控制的知识进行交流。

②在工作中不断向他人请教学习，从而深化内部控制的相关知识。

③通过 QQ 群、微信群、微博等方式，与他人交流学习行政事业单位内部控制的相关知识。

（6）加人相关行业学习组织。比如，本区、本县组织的行政事业单位内部控制业务学习组织等。

二、行政事业单位内部控制知识体系学习的具体安排

行政事业单位必须安排本单位的内部控制的专题培训。

（一）组织学习时，可以按下面的人员分批进行

（1）本单位所有人员全员学习。

（2）本单位按职务层级分小组学习。

（3）本单位按业务流程分类学习。

（4）本单位按部门分别学习。

（5）本单位按风险系统分别学习。

（二）制定学习的保障措施

（1）制定本单位的学习制度。

（2）落实安排本单位内部控制的学习时间。

（三）制定本单位内部控制学习的效果考核制度

即每个人必须注重学习的效果，以及学习之后如何在实际工作中加以应用，从而能从各个流程和环节，加强并完善本单位的内部控制。

学习之后，每个部门的工作人员，应该从下述几方面去思考本部门的情况：

（1）本部门是否具有不合规的经济活动？

（2）本部门是否具有不合规、不合理的业务流程，或者具体的业务环节？

（3）本部门的业务流程及相关环节是否能最低限度地降低风险？

（4）本部门存在哪些经济管理漏洞，制度是否完善？

（5）本部门是否能够做到不相容岗位相分离？

（6）有没有本部门的业务监督或者制约的制度？

（7）本部门使用的资金是否管理到位？有无丢失或者失控的现象？

（8）本部门有什么地方可以改善，改善之后能否提高本部门的工作效率和效果？

（四）本单位内容控制的宣传

关于内部控制的建立和实施，首先要在本单位或者社会上进行一定的宣传，以期本单位内部控制的建立实施得到更好的效果。

1. 形成宣传制度

（1）宣传制度可以由本单位宣传部门制定，没有宣传部门的可以由人事管理部门制定，财务部门协助。

（2）宣传制度经本单位内部控制领导小组审核后公布施行。

2. 形成内部控制培训与学习制度

3. 印发宣传资料

印发的资料，既要在单位内部充分发放，也可以向社会公众发放，进行宣传。

4. 组织专题宣传活动

专题宣传活动可以在单位内部进行，也可以面向社会公众公开举行。可以根据上述两种不同的情况，做不同的宣传准备。比如，宣传地点、范围、规模、主题、嘉宾及需要的资料、材料等。

5. 进行宣传成果考核

（1）各部门对宣传成果的总结。

（2）落实个人考察宣传成果。比如，部门对工作人员进行口头的检查，看看工作人员对单位和本部门内部控制方面的了解程度。

（3）写出学习心得。学习心得可以定期写，比如，三个月写一次、半年写一次等。以此来获悉单位职工对内部控制的了解和操作实况。

（4）以知识竞赛的方式考核。举办行政事业单位内部控制知识体系的知识竞赛，既可以考查各级职员对相关知识的掌握程度，又可以增加学习的趣味性，对于本单位内部控制的建立实施能起到良好的促进作用。

6. 充分利用现有网络资源，向本单位公开、向社会公开宣传本单位内控规范制度

可以在本单位 QQ 群、微信群上共享有关知识与文件精神，以及其他单位工作进展情况，发动各级职工讨论关于内部控制的各类课题等，从而起到积极的宣传作用。

第三节　行政事业单位内部控制的风险评估体系

一、行政事业单位业务流程梳理

（一）业务流程梳理的原则

进行业务流程和业务环节的梳理时，应注意下述原则。

1. 依法依规原则

行政事业单位梳理业务，必须依据现行法律法规及相关规章制度和本单位的有效文件，对本单位的业务流程和环节进行全面梳理，并分类登记、编制目录或者流程图等。

2. 全面性原则

单位的业务梳理，应该包括本单位所有的业务，对所有岗位所履行的职责、权限、运行程序的标准等逐项逐条进行全面梳理并细化。所要清理的内容包括机构人员设置、承办岗位职责、办理事项数量、事项法定依据、申办主体类别、事项办理条件、事项办理时限、监督考核细则等。

3. 风险导向原则

风险导向实际上是需要行政事业单位在梳理业务时，在每一个工作阶段有所侧重，以风险较高的流程和环节为导向。

4. 流程优化原则

流程优化要求单位在梳理业务流程的过程中及整理汇总业务流程和环节之后，对现有工作流程和环节进行优化再造，以便科学合理地设置行政职权运行流程中的各个环节，简化办事程序。同一事项不得在同一单位两个及以上科室受理，实现办事程序最简、办事时限最短。

（二）业务流程梳理的内容

1. 厘清业务事项

依据本单位的“三定”方案，对本单位主要职责、内设机构及其主要职责人员编制和职责分工情况进行全面梳理。要厘清本单位职责范围内所有办文办会、行政审批、行政征收、行政执法、行政服务、日常事务等具体工作的大类和小类名称，并填报相关的梳理表。

2. 编制业务运行流程图

流程图要包括业务从发起到结束的整个流程。

3. 建立业务办理标准

要明确每一项具体工作的办理主体、办理依据、行政相对人类别、办理条件、申报材料、工作内容、办理流程，每一环节的承办岗位和办理时限，办理结果，密级，相关表单、证书、文件的式样，有无专门业务信息系统，以及监督考核规则、投诉举报途径和方式等。按照“简明清晰、详尽翔实”的原则，建立业务工作标准，实现本单位业务工作标准化、规范化。

4. 业务流程优化和再造

各个业务流程和环节，按最新的标准进行业务的优化和再造，以建立一个详细又高效的业务流程。

在进行业务分析和诊断的过程中，常用到的主要技术包括流程结构分析、流程环节分析、流程节点分析、流程管理分析等。

（三）业务流程梳理的步骤

（1）在梳理组长带领下，对现有业务流程和环节进行详细梳理。要求本单位各部门安排一名精通业务的人员参加业务梳理的工作。

（2）制定或填写业务流程表或者流程图。

（3）检查业务流程表是否与现实流程一致。

（4）对业务流程进行汇总，上报单位内部控制领导小组。

（5）单位内部控制领导小组对业务流程进行分析，看看哪些流程需要进行修改或者完善。

（6）对需要修改或者完善的业务流程进行重新设定，并经单位内部控制领导小组审核通过。

（7）公布新制定的业务流程，再次征集单位内部所有工作人员的意见。

（8）根据重新收集的意见，再次完善业务流程标准，并形成最终的业务流程方案。

（9）向单位内部或者社会公布新的业务流程，并听取社会上的意见建议。

二、行政事业单位业务风险分析和风险评估

行政事业单位进行业务流程和环节的梳理后，建立本单位的风险分析和风险评估小组，对本单位的业务进行风险分析与评估。

在实际的单位内部控制工作中，风险分析和评估小组既接受内部控制实施指挥组的工作领导，也应该接受内部控制领导小组的直接领导。

（一）建立风险分析与评估小组

1. 单位风险评估小组组长

单位的风险分析与评估小组是内部控制的一个关键点，应由单位领导担任风险评估小组的组长。

《行政事业单位内部控制规范（试行）》第九条规定：单位开展经济活动风险评估，应当成立风险评估工作小组，单位领导担任组长。

2. 单位风险评估小组副组长和组员

单位风险评估小组副组长应由内部控制实施指挥组组长担任，组员由内部控制领导小组的部分成员和其他部门负责人，并且包括财务、监察、审计等关键岗位人员参与风险分析与评估组。

3. 风险分析与评估工作小组的主要职责

（1）收集与风险评估相关的信息、资料，并进行分析研究。

（2）拟订风险评估工作方案，报风险评估工作小组领导批准。

（3）负责具体实施单位的风险分析与评估工作，协调各相关部门在风险评估工作中的关系。

（4）负责指导和监督各部门开展风险评估工作。

（5）汇总整理风险评估结果，拟订整改方案，形成风险评估工作报告并向风险分析与评估工作小组汇报。

（6）汇总各类风险分析与评估结果及报告，向单位内部控制领导小组报告工作。

（二）单位风险产生的主要原因

（1）内部控制不抓落实，停留在文字层面，内控意识薄弱。

（2）单位内控机构不健全，缺乏内控管理人员。

（3）重大事项的集体决策和审批制度执行不到位。

（4）预算执行不力、缺乏有效的约束。

（5）预算外资金监管不力。

（6）缺乏完善有效的内控评价体系和责任追究体系。

（7）内部控制信息化建设远滞后于现实需求。

（三）行政事业单位风险的分类

1. 按管理层级分类

行政事业单位风险按管理层级可以分为单位层面风险和业务活动层面风险。

（1）单位层面风险包括组织机构风险、经济决策风险、人力资源管理风险、信息建设与管理风险。

（2）业务活动层面风险包括预算管理风险、收支管理风险、政府采购管理风险、资产管理风险、建设项目管理风险、合同管理风险以及其他风险。

2. 按风险来源分类

行政事业单位按风险来源，可以分为外部风险和内部风险。

（1）外部风险

1）法律政策风险，是指行政事业单位在依法治国、依法行政进程中，单位在履行自身职责和提供公共服务的过程中，是否合法合规，是否满足各项监管要求。

2）经济风险，是指行政事业单位受经济形势、产业政策、融资环境、资源供给等经济因素，技术进步、工艺改进等技术因素，以及市场竞争、信用风险等市场因素影响而给单位带来的风险。

3）社会风险，是指行政事业单位受社会安全环境、文化传统、社会信用、教育水平、消费行为等社会因素影响而带来的风险。

4）自然环境因素，是指单位受自然灾害、环境状况等因素影响而带来的风险。

（2）内部风险

1）管理风险，即行政事业单位因机构设置、管理方式、资产管理、业务流程等管理因素影响而产生的风险。

2）道德风险，是指行政事业单位内部因道德教育等因素导致的风险。

3）财务风险，是指因各种因素导致单位不能偿还到期债务、资金无法保障等风险。

4）安全环保风险，是指行政事业单位因营运安全、员工健康、环境保护等因素影响而产生的风险。

（四）风险分析

单位在进行充分的业务流程和环节梳理以后，对每一流程和环节，应进行如下判断。

（1）该业务的流程是否对本部门的其他流程环节造成不利影响？

（2）该业务流程是否能真实反映本单位或者本部门的经济业务状况？

（3）该业务流程是否违反有关法律法规或者本单位的制度？

（4）该业务流程是否能有效地防范舞弊和预防腐败？

（5）该业务流程是否能有效地保障国家和本单位的资产安全？

（6）该业务流程是否能有效地使国家和本单位的资产更高效地使用？

（7）该业务流程是否能提高公共服务的效率和效果？

（8）该业务流程是否能得到有效的执行？

对于以上各类问题，介绍一种定性分析方法，即对其危险和危害程度进行分析。

危险和危害程度可以分为以下五个等级：

A 级：危害很大。

B 级：危害较大。

C 级：危害一般。

D 级：很少危害。

E 级：没有危害。

请对以上 8 个问题列表分别判断其危险和危害程度。

（五）对本单位的业务进行风险评估

1. 风险评估的程序

（1）设定目标。本单位涉及的各类业务流程和环节，均作为评估目标，纳入评估范围。

（2）风险识别。利用上述第四点的方法判定风险的大小及危害程度等。

风险识别的方法主要有下述几种。

1）风险清单法，指行政事业单位由专业人员设计标准表格和问卷，受访者对清单上的问题一一作答，然后判别出单位风险的方法。

2）财务报表分析法，指对行政事业单位的财务报表进行结构分析和趋势分析，以及对外的对标单位进行对比分析，从而发现风险的方法。

3）流程图法，指绘制单位的业务流程与业务环节的流程图，对流程图进行分析，从而发现风险的方法。

4）头脑风暴法，指通过会议进行小组讨论，从而直接分析判断某些流程或者环节是否存在风险的方法。

5）实地检查法，是指对行政事业单位的工作流程和各环节，进行实地的检查，从而发现是否存在风险的方法。

6）文件审查法，是指对行政事业单位的文件，包括“三定文件”、内部管理制度、领导会议记录、工作计划、财务报告等，进行系统和结构性审查，从而判断是否存在风险的方法。

（3）风险分析。利用风险分析评估方法进行风险分析与评估。

（4）风险应对。对本单位所存在的风险，提出各种风险解决方案。风险应对的策略有风险规避、风险降低、风险分担和风险承受四种。

2. 风险分析评估方法

（1）定性评估法

定性评估不对危险性进行量化，只做定性的比较，通过有关人员的观察分析，借助有关法规、标准、规范、经验和判断能力进行评估。

1）问卷调查法。根据行政事业单位运行中可能出现的风险，设计问卷调查表，对流程与环节、风险的负责人、管理层进行风险评估问卷调查。

问卷调查以不记名方式进行，从而更容易识别较多管理层不清楚的风险问题。

2）集体讨论法。集体讨论法由专人主持研讨会，以集体讨论的方式进行，由风险的负责人和管理层参与。

集体讨论可以让所有与会者能够对风险得到共同的理解，可以为不同的意见交流提供平台。

3）专家调查法。由调查者拟定调查表，按照规定程序，向专家组成员征询意见。专家组成员采用匿名方式发表意见，经过反复征询、归纳、反馈和修改，使专家组成员的意见逐步趋于集中，最后获得具有很高准确率的集体判断结果，以此作为预测结果。

专家调查法的步骤。

1）从单位内外召集研究风险评估领域的专家，组成专家小组。

2）不公布专家的姓名，要求这些专家对单位面临的风险进行评估。

3）在用匿名方式发表意见后，把意见收集起来，由风险管理人员对意见进行归纳分类、整理分析，并把汇总整理的结果反馈给专家小组成员。

4）专家们再对此做进一步评估，按此步骤反复多次，当意见渐趋一致时，其结果可以用作代表多数专家意见的评估。

（2）定量评估法

定量评估是对风险进行量化，主要依靠历史统计数据，运用数学方法构造数学模型，进行评估。

定量评估法分为以下三种：

1）概率评估法，是根据风险基本因素的发生概率，应用概率分析方法，求取整项业务风险发生的概率。

2）数学模型计算评估法，主要是应用软件来实现。

3）相对评估法，是评估者根据经验和个人见解制定一系列评分标准，然后按危险性分数值评估风险。

（3）综合评估法

综合评估法是将定性评估法与定量评估法相结合的评估方法。

1）层次分析法。将与决策有关的元素分解成若干层次，形成阶梯层次结构，在此基础之上进行定性和定量分析，以解决多因素复杂系统的分析方法。

2）BP 神经网络法。

3）模糊综合评价法。

（六）风险评估关注的重点

1. 单位层面风险评估关注重点

（1）内部控制工作的组织情况。包括是否确定内部控制职能部门或牵头部门，是否建立单位各部门在内部控制中的沟通协调和联动机制。

（2）内部控制机制的建设情况。包括经济活动的决策、执行、监督是否实现有效分离，权责是否对等，是否建立健全了议事决策机制、岗位责任制、内部监督等机制。

（3）内部管理制度的完善情况。包括内部管理制度是否健全，执行是否有效。

（4）内部控制关键岗位工作人员的管理情况。包括是否建立工作人员的培训、评价、轮岗等机制，工作人员是否具备相应的资格和能力。

（5）财务信息的编报情况。包括是否按照国家统一的会计制度，对经济业务事项进行账务处理，是否按照国家统一的会计制度编制财务会计报告。

（6）其他情况。

2. 单位层面风险评估关注重点

（1）预算管理情况。包括在预算编制过程中，单位内部各部门间沟通协调是否充分，预算编制与资产配置是否相结合，与具体工作是否相对应；是否按照批复的额度和开支范围执行预算，进度是否合理，是否存在无预算、超预算支出等问题；决算编报是否真实、完整、准确、及时。

（2）收支管理情况。包括收入是否实现归口管理，是否按照规定及时向财会部门提供收入的有关凭据，是否按照规定保管和使用印章与票据等；发生支出事项时，是否按照规定审核各类凭据的真实性、合法性，是否存在使用虚假票据套取资金的情形。

（3）政府采购管理情况。包括是否按照预算和计划组织政府采购业务，是否按照规定组织政府采购活动和执行验收程序，是否按照规定保存政府采购业务相关档案。

（4）资产管理情况。包括是否实现资产归口管理并明确使用责任，是否定期对资产进行清查盘点、对账实不符的情况及时进行处理，是否按照规定处理资产。

（5）建设项目管理情况。包括是否按照概算投资，是否严格履行审核审批程序，是否建立有效的招投标控制机制，是否存在截留、挤占、挪用、套取建设项目资金的情形，是否按照规定保存建设项目相关档案并及时办理移交手续。

（6）合同管理情况。包括是否实现合同归口管理，是否明确应签订合同的经济活动范围和条件，是否有效监控合同履行情况，是否建立合同纠纷协调机制。

（7）其他情况。

（七）风险评估的其他法律规定

（1）单位应当建立经济活动风险定期评估机制，对经济活动存在的风险进行全面、系统和客观评估。

（2）活动风险评估至少每年进行一次。外部环境、经济活动或管理要求等发生重大变化的，应及时对经济活动风险进行评估。

（3）经济活动风险评估结果应当形成书面报告，并及时提交单位领导班子，作为完善内部控制的依据。

第四章　事业单位内部业务控制

第一节　预算业务控制

一、预算业务控制的目标与内容

预算作为事业单位的核心管理业务，是指事业单位根据事业发展计划和任务编制的年度财务收支计划，包括财务收支规模、结构和资金来源渠道等，是财务管理活动的基本依据。预算既是明确事业目标和任务的一种形式，也是事业单位业务活动控制的重要基础和手段，业务活动都要以预算为基础进行。预算将公共服务目标转化为单位内部各部门、各岗位以至个人的具体行为目标，作为单位开展收支业务、采购业务、资产管理等经济活动的约束条件，能够从根本上保证事业单位内部控制目标的实现。所以，加强预算控制，规范预算编制、审批、执行、决算与评价，是加强事业单位内部控制管理的必不可少的内容和手段。

虽然预算本身就有控制功能，但也要重视对预算业务过程的控制，以保证实现预算管理目标，发挥预算的控制作用。单位预算业务或预算管理应在财政部门预算管理的整体框架和要求范围内，结合自身业务特点而展开。在遵循财政部门预算批复的口径与规则的基础上，应对财政部门预算在本单位内部进行分解和细化，明确完成工作任务的预算实施部门和实现方式，并通过具体的支出事项来体现，实现预算目标。正常情况下，事业单位应坚持“量入为出、统筹兼顾、确保重点、收支平衡”的总原则，采取目标责任制的预算管理方式，对单位内部预算的编审、批复、执行、追加、调整、决算考评等进行全过程管理。

二、组织与岗位控制

单位预算控制需要通过组织和岗位体系来实施，事业单位依据《行政事业单位内部控制规范（试行）》的要求，应适当借鉴企业内部控制的一些先进理念，结合各单位自身的特点建立、完善有效的预算组织与岗位体系，明确预算控制中各组织机构的任务职责，确定相关岗位的职责权限，确保预算编制、审批、执行、评价等不相容岗位相互分离。

单位的预算管理需要单位内部各个部门的参与配合，除了作为核心部门的单位财务部门外，还涉及单位内设业务部门、单位归口统筹部门等相关职能部门。可以说预算管理就是整个单位的内部资源的整合优化的过程，需要单位全员、全部门、全过程的参与。当然参与程度和职责范围各有不同。

（一）预算管理组织机构

一般单位预算管理实行“标准统一、归口统筹、集体决策、分级执行”的层级管理形式，具体划分为预算决策机构、预算日常管理机构及单位内部预算实施机构三个层级的预算管理组织体系。

单位领导办公会议是单位预算决策机构，也有单位专门设置预算管理委员会作为预算决策机构。其主要职责是：决定单位预算管理政策，提出年度预算编制总体目标和总体要求，研究审定单位财务预决算、重大项目立项和经费分配使用计划，听取预决算执行情况分析报告。

单位财务部门是单位预算日常管理机构，在总会计师或分管领导的领导下开展预算管理的日常工作。财务部门可能会设置专门机构如预算科或预算组，其主要职责包括：负责单位预算日常管理的组织协调工作；审核汇总年度预算、决算草案，负责年度预算调整和追加方案；根据财政预决算批复，按相关规定做好预决算及相关财务数据向社会公开工作；对年度预算执行情况进行分析、考核和检查，通报督办各单位预算执行情况，编写单位预算执行分析报告等。

单位内部预算实施机构具体是指单位内部担负预算执行任务的各业务部门和其他部门。其主要职责包括：编报本部门年度收支预算；分解落实本部门经批复的年度预算并组织实施；撰写本部门年度预算执行分析报告：提出本部门年度预算追加和调整申请；编报本部门年度财务决算等。

（二）预算日常管理机构——财务部门预算岗位要求

财务部门应根据上级布置的工作目标和单位的发展规划，牵头并组织预算工作的开展，这一工作涵盖预算管理的完整过程（编制、实施、控制、调整、分析、考核）；牵头制定全面预算管理办法，制定预算定额，编制预算编制指导意见，编制单位的总预算，分解单位预算，编制决算报告。

财务部门应设置预算科或预算组来负责预算的日常管理。财务部门从事预算管理的人员应熟悉财政部门及单位的预算管理政策，还应了解单位具体的业务活动，也就是既懂财务也熟悉业务，这样才能准确把握预算编制和执行的真实性和合理性。鉴于预算管理岗位的重要性，应设置必要的岗位胜任条件。

为确保预算控制的有效性和目标的实现，预算管理中应考虑不相容岗位问题，如预算编制方案的制定与审核、预算的编制与审批、预算的审批与执行、预算的编制与执行、预算的编制与调整、预算的执行与评价、预算的评价与考核、预算的执行与监督等。

三、预算编制与审核

（一）科学测算，形成合理的预算数据

在预算编制过程中要以业务计划为依据，注意单位内部各部门间的沟通协调，预算编制与资产配置相结合，预算指标能与具体工作一一对应。同时，预算编制应在上年度财政收支数据的基础上，根据本单位各部门（下属单位）上报的业务工作计划，对本年度单位财政收支的规模和结构进行预计和测算。单位预算管理部门依据财政预算编报要求，统一部署预算编报工作。各单位按照规定的预算编报职责、预算编制标准，以及下一年度工作安排，提出预算建议数以及基础申报数据，经单位领导班子审核后，向上提交。

（二）预算编制逐级审核

各预算单位按照预算编报职责、预算编制标准提出预算建议数以及基础申报数据后，按规定的报送方式，提交至预算管理部门。预算管理部门应对提交的预算建议数和申报数据进行初审，并进行汇总形成预算建议数，交财务部门负责人审核后，提交单位领导审定。单位领导审定后，预算管理部门应按同级财政部门或上级部门规定的格式及要求，报送审核。由于我国政府预算编制时点、人大的审批程序和审批时点的限制，预算编制无法完全与实际业务收支保持一致，难以要求预算编制具有高度的准确性，但事先合理预测可适度弥补。

（三）预算编制归口审核

预算编制可实行归口部门负责的方式，根据单位内部职责划分，既可以由归口部门负责组织对本单位归口职责范围内的业务事项进行预算的编制与审批，也可以采取归口部门只针对业务部门的预算事项进行专业性审核的方式。如人事部门负责统筹管理并审核批复本单位出国预算；信息化部门可以负责统管并组织编制、审批本单位所有信息化建设项目的预算，也可以只负责对本单位所有业务部门的信息化项目预算方案中的技术方案和预算金额进行专业审核。归口审核主要是对预算事项方案的可行性、计划的科学性、金额的合理性发表专业性审核意见。

（四）预算编制中的第三方审核

对于建设工程、大型修缮、信息化项目和大宗物资采购等专业性较强的重大事项，

可以在预算编审阶段采取立项评审的方式，对预算事项的目的、效果和金额等方面进行综合立项评审。委托外聘专家和机构等第三方进行外部评审更有利于保证预算的合理性。

四、预算执行控制

（一）加强对预算执行的管理

根据批复的预算安排各项收支，明确预算执行审批权限和要求，落实预算执行责任制，确保预算严格有效执行。

（二）加强对预算收入和支出的管理

及时组织预算资金收入，严格控制预算资金支出，不得截留或者挪用应当上缴的预算收入，不得擅自改变预算支出的用途。严格控制超预算支付，调节预算资金收付平衡，防范支付风险。

（三）严格资金支付业务的审批控制

及时制止不符合预算目标的经济行为，确保各项业务和活动都在授权的范围内运行。单位应当就涉及资金支付的预算内事项、超预算事项、预算外事项建立规范的授权批准制度和程序，避免越权审批、违规审批、重复审批现象的发生。对于预算内非常规或金额重大事项，应经过较高的授权批准层审批。对于预算执行申请额度超过本部门可执行预算指标的情况，应先按预算追加调整程序办理可执行预算指标的申请。执行申请经业务负责人审批后，才能交归口部门审核。

（四）建立预算执行实时监控制度

及时发现和纠正预算执行中的偏差。建立预算执行分析机制，定期通报各部门预算执行情况，召开预算执行分析会议，研究解决预算执行中存在的问题，提出改进措施，提高预算执行的有效性。

（五）建立重大预算项目特别关注制度

对于重大预算项目，应当建立预算管理项目库，密切跟踪其实施进度和完成情况，实行严格监控。对于重大的关键性预算指标，也要密切跟踪、检查。

（六）建立预算执行情况预警机制

科学选择预警指标，合理确定预警范围，及时发出预警信号，积极采取应对措施。单位应当推进和实施预算管理的信息化，通过现代信息技术手段控制和监控预算执行，提高预警与应对水平。

（七）控制预算调整

引导预算编制的可行性和合理性。预算调整是指在年度预算执行过程中，由于发生不可抗力、上级部门政策调整、临时工作安排等不可预见因素造成的新增加预算、超过原预算或预算明细更改调整的过程。实际中预算调整不可避免，但预算调整应确保调整程序的规范和完整，不能因简化程序而出现控制漏洞。确因政策性和不可预见因素需作预算调整的，应严格按规定程序，提交预算追加、调整方案报单位财务部门和业务归口部门，经领导审批后，以单位名义拟文报相关政府部门或财政部门进行申请。

预算调整环节的主要风险是：预算调整依据不充分、方案不合理、审批程序不严格，可能导致预算调整随意、频繁，预算失去严肃性和“硬约束”。为此，在有关预算管理制度中应明确预算调整的原则条件：一是预算调整应当符合单位发展规划、年度管理目标和现实状况，重点放在预算执行中出现的重要的、非正常的、不符合常规的关键性差异方面;二是预算调整方案应当客观、合理、可行，在经济上能够实现最优化;三是预算调整应当谨慎，调整频率应予以严格控制，年度调整次数应尽量少。

执行中应规范预算调整程序，严格审批。调整预算一般由预算执行单位逐级向单位领导、办公会议提出书面申请，详细说明预算调整理由、调整建议方案、调整前后预算指标的比较、调整后预算指标可能对单位预算总目标的影响等内容。单位财务部门应当对预算执行单位提交的预算调整报告进行审核分析，集中编制单位年度预算调整方案，提交预算管理委员会。单位预算管理委员会审批预算调整方案时，应当依据预算调整的原则和条件，对于不符合预算调整条件的，坚决予以否决；对于预算调整方案欠妥的，应当协调有关部门和单位研究改进方案，并责成单位财务部门予以修改后再履行审批程序。

五、预算考核控制

预算考核是指在决算之后，依据决算结果对执行情况进行考评，对立项审核、批复、执行的过程进行综合评价，主要考核预算业务目标和实际执行过程及结果的一致性。

预算考核环节的主要风险是：预算考评机制不健全，或未得到有效实施，可能导致预算执行结果不理想；预算考评不严格、考核过程不透明、考核标准不合理、考核结果不公正，可能导致奖惩不到位，严重影响预算目标的实现，使预算管理流于形式。

针对预算考核的相关风险，可以通过建立健全预算执行考核制度，合理界定预算考核主体和考核对象来进行控制。

建立健全预算执行考核制度。一是建立严格的预算执行考核制度，对各预算执行单位和个人进行考核，将预算目标执行情况纳入考核和奖惩范围，切实做到有奖有惩、奖惩分明。二是制定有关预算执行考核的制度或办法，并认真、严格地组织实施。三是定期组织实施预算考核，预算考核的周期一般应当与年度预算细分周期相一致，即一般按照月度、季度实施考评，预算年度结束后再进行年度总考核。

合理界定预算考核主体和考核对象。预算考核主体分为两个层次：预算管理委员会和内部各级预算责任单位。预算考核对象为单位内部各级预算责任单位和相关个人。界定预算考核主体和考核对象应当主要遵循以下原则：一是上级考核下级原则，即由上级预算责任单位对下级预算责任单位实施考核。二是逐级考核原则，即由预算执行单位的直接上级对其进行考核，间接上级不能隔级考核间接下级。三是预算执行与预算考核相互分离原则，即预算执行单位的预算考核应由其直接上级部门来进行，自己考核自己往往流于形式。

预算考核是大部分单位预算管理和预算控制的软肋，由于此环节的弱化，导致预算失去激励作用，致使无法利用人的主动性去促进提高预算执行效果，这应该也是管理的不足。应该看到，凡是预算考核做得好的单位，预算编制和预算执行也都做得好，结果导向与过程管理的有效结合是保证预算控制有效性的必然途径。

第二节　收入业务控制

一、事业单位收入的主要内容

（一）财政补助收入

即事业单位从同级财政部门取得的各类财政拨款，包括基本支出补助和项目支出补助。

（二）事业收入

即事业单位开展专业业务活动及其辅助活动取得的收入。其中，按照国家有关规定应当上缴国库或者财政专户的资金，不计入事业收入；从财政专户核拨给事业单位的资金和经核准不上缴国库或者财政专户的资金，计入事业收入。

（三）上级补助收入

即事业单位从主管部门和上级单位取得的非财政补助收入。

（四）附属单位上缴收入

即事业单位附属独立核算单位按照有关规定上缴的收入。

（五）经营收入

即事业单位在专业业务活动及其辅助活动之外开展非独立核算经营活动取得的收入，一般采用权责发生制确认收入。

（六）其他收入

规定范围以外的各项收入，包括投资收益、利息收入、捐赠收入等。采用权责发生制确认的收入，应当在提供服务或者发出存货，同时收讫价款或者取得索取价款的票据时予以确认，并按照实际收到的金额或者有关票据注明的金额进行计量。

二、收入业务控制的目标和内容

收入业务控制是事业单位加强财务管理，促进单位整体事业目标实现的基础业务，其目标通常包括:（1）各项收入符合国家法律法规的规定。（2）各项收入核算准确及时，相关财务信息真实完整。（3）单位应收款项管理责任明晰，催还机制有效，确保应收尽收。（4）各项收入均应及时足额收缴，并按规定上缴到指定账户，没有账外账和私设“小金库”的情况。（5）票据、印章等保管合理合规，没有因保管不善或滥用而产生错误或舞弊。

收入业务中可能存在的风险包括:（1）收入业务岗位设置不合理，岗位职责不清，不相容岗位未实现相互分离，导致错误或舞弊的风险。（2）各项收入未按照收费许可规定的项目和标准收取，导致收费不规范或乱收费现象发生。（3）违反“收支两条线”管理规定，截留、挪用、私分应缴财政的资金，导致私设“小金库”和资金体外循环。（4）未由财会部门统一办理收入业务，缺乏统一管理和监控，导致收入金额不实，应收未收，单位利益受损。（5）票据、印章管理松散，没有建立完善的制度，存在收入资金流失的风险。

为应对风险，事业单位收入业务通常设置以下几方面的控制:（1）收入业务岗位控制——对收入业务岗位职责、权限范围、工作要求等内容进行控制，避免收入审批与管理中违法行为的发生。（2）收入业务授权审批控制——对收入项目、来源依据等内容进行控制，按特定的渠道进行分工管理，避免单位不合法、不合理的收入项目出现。（3）收入票据控制——对票据的入库、发放、使用、销号、结存等环节进行控制，避免违规使用票据的情况发生。（4）收入执行控制——对收入经费的征收、管理、账务处理等环节进行控制，严防单位收入流失。

三、收入业务岗位控制

单位的各项收入应当由财会部门归口管理，统一进行会计核算，及时、完整地记录、反映单位的收入业务。收入应当全部纳入单位预算，严禁设置账外账和“小金库”。业务部门应当在涉及收入的合同协议签订后及时将合同等有关材料提交财会部门作为账务处理依据，确保各项收入应收尽收，及时入账。

收入业务执行过程中，如果存在职责分工不明确、岗位责任不清晰、权限设置不合理、关键岗位权力过大、监督审核缺少等情况，就极易产生错误及徇私舞弊的现象。如果收入业务岗位、会计核算岗位、资金收付岗位缺少相互牵制，就容易产生坐收坐支或挪用公款等具体问题，从而引发收入流失和资金使用的风险。

单位应当合理设置岗位，明确相关岗位的职责权限。收入业务的不相容岗位至少包括收入预算的编制和批准、票据的使用和保管、收入的征收与减免审批、收款与会计核算等。事业单位应通过明确划分职责权限设置岗位，加强岗位之间的相互制约和监督，以达到事前防范、事中控制，防止差错和舞弊，预防腐败的目的。

四、收入业务授权控制

目前事业单位的财务审批权有过于集中的缺点，并且缺乏必要的监督。授权审批环节执行不严格，如经办部门负责人、主办会计和分管财务负责人没有严格按程序和权限审批并签章，或部门负责人不对收费申请进行认真审批、不严格审核收费过程的合规性，就容易造成收费环节的风险。

事业单位收入业务授权审批控制是针对财政补助收入、事业收入、上级补助收入、附属单位上缴收入、经营收入和其他收入等实施的控制措施。

有政府非税收入收缴职能的事业单位，应当按照规定项目和标准征收政府非税收入。非税收入是单位依法使用政府权力、政府信誉、国家资源、国有资产或提供特殊公共服务、准公共服务取得的并用于满足社会公共需要或准公共需要的财政资金。非税收入包括行政事业性收费、政府性基金、国有资源有偿使用收入、国有资产有偿使用收入、国有资本经营收益、彩票公益金、罚没收入、专项收入等。

事业单位针对行政事业性收费、政府性基金、国有资产、资源收益、罚没（罚金）收入、代结算收入等的授权审批流程是不同的。

对行政事业性收费，执收人员向缴费义务人开具非税收入管理局统一监制的收费通知或决定。

对经常性收费（含政府性基金、国有资产、资源收益等），执收人员向缴费义务人开具非税收入管理局统一监制的收费通知或决定。

对罚没（罚金）收入，执收人员对违法人员送达行政处罚决定书;对代结算收入（暂扣款、预收款、保证金、诉讼费等），执收人员向缴费义务人开具收费通知。

收费人员对收费项目和收费标准进行审核并开具非税收入缴款书；缴款义务人将款项缴入非税收入汇缴结算户；缴款义务人如对收费通知、决定有异议，可以依法申请行政复议或行政诉讼，但复议或诉讼期间，不停止执行。

减征、免征非税收入的，或缴费义务人因特殊情况需要减征、免征非税收入的，需要遵循以下授权审批流程。

具体过程是首先由缴款义务人提出申请，申请书应注明减免理由及相关法律法规及政策规定，并附有特殊情况的有关证明材料；再由执收人员填制行政事业收费减免审批表，并签署是否同意减征、免征、缓征的意见；之后经单位审批同意，分别报非税收入管理局以及同级财政部门审批后，方可由执收人员办理减免应缴纳的非税收入。

事业性收费应进行分户分类核算，在月末按收费款项划入国库和财政专户，并按月向财政国库部门报送收费进度表。单位依法收取的代结算收入符合返还条件的，由缴费义务人提出返还申请，征收主管签署意见，并经财政部门审核确认后，通过非税收入汇缴结算户直接返还交款人。依照法律法规规定确认为误征、多征的非税收入，由缴款义务人提出申请后，经由财政部门确认，通过非税收入汇缴结算户及时、足额、准确地退还给缴款义务人。已划至国库或财政专户的，则由国库或财政专户直接退付。

五、收入核算控制

事业单位的各项收入应当由财会部门归口管理并进行会计核算，严禁设立账外账。业务部门应当在涉及收入的合同协议签订后及时将合同等有关材料提交财会部门作为账务处理依据，确保各项收入应收尽收，及时入账。财会部门应当定期检查收入金额是否与合同约定相符;对应收未收的项目应当查明情况，明确责任主体，落实催收责任。

事业单位取得的按照“收支两条线”管理要求，应纳入预算管理或应缴入财政专户的预算外资金，不能直接计入事业收入，应根据上缴方式的不同，直接缴入财政专户或由单位集中后上缴财政专户。根据经过批准的部门预算、用款计划和资金拨付方式，事业单位收到财政专户返还款时，再计入事业收入。

第三节　支出业务控制

一、事业单位支出的主要内容

事业单位支出是指事业单位开展业务及其他活动时发生的资金耗费和损失，包括事业支出、对附属单位的补助支出、上缴上级支出、经营支出和其他支出等。

（一）事业支出

即事业单位开展专业业务活动及其辅助活动发生的基本支出和项目支出。基本支出是指事业单位为了保障其正常运转、完成日常工作任务而发生的人员支出和公用支出。项目支出是指事业单位为了完成特定工作任务和事业发展目标，在基本支出之外所发生的支出，主要指的是购置专用设备的支出。

（二）对附属单位的补助支出

即事业单位用财政补助收入之外的收入给予附属单位补助所发生的支出。

（三）上缴上级支出

即事业单位按照财政部门和主管部门的规定上缴上级单位的支出。

（四）经营支出

即事业单位在专业业务活动及其辅助活动之外开展非独立核算经营活动发生的支出。

（五）其他支出

即本条上述规定范围以外的各项支出，包括利息支出、捐赠支出等。事业单位的支出通常结合单位经济活动业务特点、管理要求进行分类，如某事业单位经费支出分为人员经费、基本机构运转业务经费、重点管理经费（“三公”经费）、基本建设项目经费、工程修缮经费、信息化项目经费、购置项目经费和专项业务经费八大类。

二、支出业务控制的目标和内容

支出业务控制是事业单位内部控制的重要内容，支出业务控制的目标主要包括：（1）各项支出符合国家相关法律法规的规定，包括开支范围和标准等。（2）各项支出符合规定的程序与规范，审批手续完备。（3）各项支出真实合理。（4）各项支出的效率和效果良好。（5）各项支出得到正确核算，相关财务信息真实完整。

单位应当建立健全支出内部管理制度，制定各类支出业务管理细则，确定单位经济活动的各项支出范围和标准，明确支出报销流程，按照规定办理支出事项。事业单位支出业务控制的主要内容有以下几个方面。

（一）支出业务岗位控制

合理设置岗位，确保不相容岗位分离。

（二）支出审批控制

明确相关部门和岗位的职责权限，确保办理支出业务的不相容岗位相互分离、制约和监督。

（三）支出审核控制

全面审核各类单据。重点审核单据来源是否合法，内容是否真实、完整，使用是否正确，是否符合预算，审批手续是否齐全。

（四）支付控制

明确报销业务流程，按照规定办理资金支付手续。签发的支付凭证应当进行登记。使用公务卡结算的，应当按照公务卡使用和管理的有关规定办理业务。

（五）支出核算和归档控制

由财会部门根据支出凭证及时、准确登记账簿；与支出业务相关的合同等材料应当提交财会部门作为账务处理的依据。

三、支出业务岗位控制

单位应当按照支出业务类型，明确内部审批、审核、支付、核算和归档等支出各关键岗位的职责权限。实行国库集中支付的，应当严格按照财政国库管理制度的有关规定执行，确保支出申请和内部审批、付款审批和付款执行、业务经办和会计核算等不相容岗位相互分离。支出业务不相容岗位还应延伸考虑：人员管理与人员支出管理；人员费用的审批与发放；支出预算的执行与监督；支出内部定额的制定与执行；支出的审核、批准与办理。

四、支出业务审批控制

事业单位在确定授权批准的层次时，应当充分考虑支出业务的性质、重要性、金额大小。预算内的一般支出可以由部门负责人或分管领导审批，但预算内的重大开支则需要单位负责人审批才能报销；预算外的重大支出需要经事业单位管理层集体决策，并且要对预算外支出严格控制。事业单位管理层如果只有审批权力，但不负担审批责任，就会形成违规审批、越权审批、争相审批、审批过多、过滥等风险。

事业单位应当按照支出业务的类型，明确内部审批、审核、支付、核算和归档等支出各关键岗位的职责权限，明确支出业务的内部审批权限、程序、责任和相关控制措施。审批人应当在授权范围内审批，不得越权审批。事业单位主管领导负责单位支出相关管理制度和文件的审批，参与内部定额修改方案的集体审批，负责审阅向上级单位或财政部门提供的分析报告。实行国库集中支付的，应当严格按照财政国库管理制度的有关规定执行。

单位应对不同资金的财务管理风险按不同的执行方式和审批权限进行管理，以某事业单位为例。

（一）基本支出

1. 计划生育、公费医疗、抚恤金、丧葬费、养老保险个人账户这五类事项在预算执行时需要先报人事部门审核、提交财务部门核对金额，由分管财务单位领导签批后，向财政部门发文申请执行。

2. 属于自行采购事项，按其规定选择相应的政府采购执行方式和自行采购执行方式履行审批手续。

3. 超过 50 万元的一次性大额公用经费支出经单位领导班子集体研究决定后执行并备案。

4. 除上述事项以外的其他基本支出由单位自行内部审批执行。

（二）重点管理经费（“三公”经费）支出

“三公”经费实行重点管理，年初预算批复后，由财务部门下达经单位领导审批的“三公”经费总控制额度，单位在控制额度内每季度末向财务部门报送下季度“三公”经费用款计划，由单位财务部门调度指标后在额度内执行。其中：

1. 因公出国经费。单位应在年初将本单位出国计划报送单位人事部门审核汇总后纳入本单位全年出国计划，由单位财务部门审核出国经费预算后报分管财务的领导和单位领导审批。

2. 公务用车运行维护费。单位应细化账目处理实行单车核算；使用公款租车需按相关规定办理相关租用车辆审批手续后方可执行。

3. 公务接待费。单位应参考往年同期支出数据在每季下达指标额度，相关费用在额度内执行。季末次月 10 日内，将支出明细报送单位财务部门。

（三）机构运转业务经费

属于自行采购事项，按其规定选择相应的方式履行审批手续。不属于采购执行的机构运转业务经费，明确不属于采购执行的机构运转业务经费的审批权限与审批程序。

1. 单笔金额在二十万元以内且全年累计不超过五十万元的同一支出事项，由单位自行审批。

2. 单笔金额在二十万元（含二十万元）至五十万元之间且全年累计不超过一百万元的同一支出事项，提交单位财务部门会同相关业务归口部门审核后，报分管财务领导审批。

3. 单笔金额超过五十万元（含五十万元）至一百万元之间且全年累计不超过五百万元的同一支出事项，由单位财务部门会同相关业务归口部门审核后，报分管财务领导和单位领导审批。

4. 单笔金额超过一百万元（含一百万元）的支出，由单位财务部门会同相关业务归口部门审核，报分管财务领导和单位领导审批后，提交单位领导办公会议审议决定。

（四）基本建设项目支出、工程修缮项目支出、信息化项目支出、购置项目支出

要按照相关要求履行相应的审批手续。

（五）对外投资、对外借款、对外捐款等事项的支出

在预算执行时均需由单位财务部门会同相关业务归口部门审核后，报分管财务领导和单位领导审批。单笔金额超过一百万元（含一百万元）的支出，需报单位领导办公会议审议决定。

五、支出业务审核控制

部分事业单位在实际业务中存在部门负责人随意审核开支的现象，对报销的经办人员缺少应有的监管，造成经办人员在报销单据中虚报支出；分管财务负责人在审核过程中见到领导签字就直接批复，不审核所报销资金的真实性、合法性。事业单位支出审核不严谨，缺乏有效的监控体系，财务人员对审核标准的理解不准确、新文件新规定下达不及时等因素，往往造成支出审核风险。

单位财会部门应当加强支出审核控制，全面审核各类支出单据。重点审核单据来源是否合法，内容是否真实、完整，使用是否准确，是否符合预算，审批手续是否齐全。

支出凭证应当附反映支出明细内容的原始单据，并由经办人员签字或盖章，超出规定标准的支出事项应由经办人员说明原因并附审批依据，确保与经济业务事项相符。支出单据的审核原则如下。

（一）审核原始发票内容的真实性

对原始发票内容真实性的审核主要包括以下内容：一是审核原始发票内容是否真实，如验证票据所写的单位名称是不是本单位的名称。二是验证票据有没有少购多开、无购虚开的现象。三是检查发票的格式是否符合国家的规定。四是验证发票上的署名是否真实。五是审查原始发票本身是否真实，有无弄虚作假现象。

（二）审核原始发票要素的完整性

对原始发票要素完整性的审核主要包括以下内容：一是审核发票的名称与加盖的印章是否一致。二是审核所发生的经济内容是否真实可靠。三是审核发票的金额。四是审核发票的日期与发生经济业务的日期是否一致。五是审查发票的编号，验证所要报销的票据编号与近期报销票据的编号是否相近，以防空白发票作假报销。

（三）审核原始发票支出范围的合法性

对原始发票支出合法性的审核主要包括以下内容：一是审核是否符合财务标准的相关规定。例如报销人员提供的车船票（包括飞机票），只能在规定的标准以内进行报销，对不符合报销范围或超过报销标准外的部分应不予报销。二是审核取得的原始发票与所发生的经济业务之间的因果关系。如果因私而取得的原始发票，尽管所反映的经济业务真实，也不能作为结算报销的依据。三是审核是否违反财经纪律。对擅自提

高开支标准，扩大开支范围，用公款请客送礼及侵占国家、集体利益的原始发票应一律拒之门外。

六、支付控制

单位所有的付款业务都必须履行规定的程序，即支付申请—支付审批—支付审核—办理支付。出纳人员只有在收到经过领导审批、会计审核无误的原始凭证后才能按规定的金额办理付款手续。有些事业单位虽然制定了《报销支付程序与办法》等相关文件，但在实际工作中却没有完全遵守，如有的审核人员不在岗时，出纳人员有时会在报销审批手续不全的情况下，依据个人之间的关系和自己的方便程度自行办理资金支付，缺少审核程序，出纳支付资金的随意性较大，这种支付程序往往会给单位带来无法弥补的损失，可能引发“坐收坐支”的风险。

（一）事业单位支出报销业务控制

事业单位应明确报销业务流程，按照规定办理资金支付手续，登记签发的支付凭证。一般来说，事业单位与支出报销业务流程相关的人员包括有报销业务的各业务部门经办人员、各业务部门负责人、分管各业务部门的事业单位领导、分管财务负责人、主办会计、记账会计、出纳会计。对事业单位支出报销业务的控制可以概括为以下四个关键环节：

1. 各部门经办人员先填制报销单交由该部门负责人审批，如果金额超过一定额度需报分管领导审批。

2. 主办会计审核报销单据的真实性、合法性。

3. 分管财务负责人审核其资金使用是否合理，审批环节、审批手续是否完备。

4. 将报销单据交出纳处，出纳给付现金或开具支票付款，登记现金或银行日记账后交给记账会计记账。

（二）事业单位支出公务卡结算控制

公务卡是预算单位工作人员持有的，主要用于日常公务支出和财务报销业务的信用卡。它既具有一般银行卡的授信消费等共同属性，又具有财政财务管理的独特属性。事业单位使用公务卡结算的，应当按照公务卡使用和管理的有关规定办理业务。公务卡报销不改变预算单位现行的报销审批程序和手续，有利于及时办理公务消费支出的财务报销手续。

公务卡的适用范围包括使用现金结算日常公务支出中零星商品服务和两万元以下的采购支出，具体内容包括：水费、电费、办公费、差旅费、交通费、招待费、印刷费、电话费等。事业单位使用公务卡结算的具体控制措施如下：

1. 报销人员填报支出报销审批单，凭发票、POS 机消费凭条等单据，按财务报销程序审批。

2. 出纳人员凭核准的支出报销审批单及报销单据，通过 POS 机将报销资金划转到个人卡上。

3. 报销人员当场确认后，在 POS 机打印的凭条上签字，财务人员凭经签字确认的凭条、支出报销审批单登记入账。

4. 持卡人使用公务卡结算的各项公务支出，必须在规定的免息还款期内（银行记账日至发卡行规定的到期还款日之间的期限），到本单位财务部门报销。

5. 因个人报销不及时造成的罚息、滞纳金等相关费用，由持卡人承担。

6. 如个别商业服务网点无法使用银行卡结算系统，报销人先行以现金垫付后，可凭发票等单据到单位财务部门办理报销审批手续。

7. 因持卡人所在单位报销不及时造成的罚息、滞纳金等相关费用，以及由此带来的对个人资信的影响等责任，由单位承担。

第四节　采购业务控制

一、采购业务控制的目标和内容

事业单位采购控制是指在事业单位使用资金进行货物、服务和工程的采购过程中的相关控制。依据《中华人民共和国政府采购法》，事业单位的采购业务多以政府采购方式完成，是事业单位使用财政性资金采购依法制定的集中采购目录内的或者采购限额标准以上的货物、工程和服务的行为。财政性资金包括预算资金、财政专项资金、政府非税收入资金、债务资金、捐赠资金和单位自筹资金。

（一）采购业务的常见风险

规范单位采购行为、防范与控制采购风险是采购业务控制的主要目的。事业单位政府采购业务常见的风险包括：

1. 采购项目和预算安排不合理

政府采购、资产管理、预算编制以及业务部门之间缺乏沟通协调，采购项目可行性论证不充分，重复或错误立项，需求审核不严格，采购与实际需求脱节，导致资金浪费或资产闲置。

2. 采购计划编制不科学、不专业

采购参数的制定缺乏公平、公开透明的制衡机制和专业管理，采购预算定价的市场调查论证不足，过高或过低制定预算，出现围标、舞弊或遭受欺诈等问题，采购的商品和服务质次价高，导致财政资金效用降低或资源浪费。

3. 采购活动不规范

未按规定选择采购方式、发布采购信息，甚至以化整为零或其他方式规避公开招标，对采购、招标缺乏有效的监督，出现围标、舞弊等问题，导致单位被提起诉讼或受到处罚，影响单位正常业务活动的开展。

4. 采购及验收不规范

合同和付款环节审核不严格，实际接收产品与采购合同约定有差异，导致采购资金损失或单位信用受损。

5. 采购业务档案管理不善

采购业务档案缺失，导致采购业务出现争议，影响政府采购信息和财务信息的真实完整。

（二）采购业务控制的主要内容

事业单位采购业务控制的主要内容包括应以下几方面。

1. 分工与授权控制

对采购相关部门和岗位的职责、权限，以及采购与付款业务授权与审核等方面的控制。

2. 预算与计划控制

对采购预算的编制、执行、调整，以及采购计划的制定、组织实施等方面的控制。

3. 采购与验收控制

对采购人员、采购程序、采购方法，以及采购验收等方面进行控制。

4. 付款控制

对付款条件、付款方式、付款程序，以及付款的合法性等方面的控制。

5. 采购组织、岗位与责任

事业单位应当设置采购职能部门或明确相关采购岗位的职责权限，确保政府采购需求的制定与内部审批、招标文件的准备与复核、合同签订与验收、验收与保管等不相容岗位相互分离。

单位应设立采购领导小组，工作办公室设在采购职能部门，财务等相应职能部门作为成员单位，由分管采购工作的领导任组长，成员由相关部门的主要负责人共同组成。其主要职责是根据有关政府采购的管理规定，拟定政府采购工作规范；审核采购单位编制的政府采购预算；审定采购实施计划和采购方式；审定各采购单位定额标准以上重大项目的采购需求、公开招标文件和采购合同；审定内部采购预选供应商库和采购代理机构库名单；监督各采购单位的采购工作，查处采购中的违法行为；其他采购相关工作。

采购职能部门负责单位采购的组织和实施工作。采购管理各岗位人员应当熟悉有关政府采购法律法规和财会等相关专业知识，并定期轮换。实行采购监督管理与操作执行相分离的原则，设立采购工作监察部门或岗位（单位纪检监察人员也可履行此职责），其主要职责是对政府采购项目招投标过程中执行政府采购法律法规情况进行督察，不参与评标、谈判、询价等具体工作；对自行采购项目执行过程进行监督，不参与预选供应商抽取和评标等具体工作；参与采购中有关质疑、投诉问题的处理；受理供应商提出的回避申请，并按照回避制度对相关人员进行审核。

配合采购业务的相关财务岗位主要工作职责是汇总编制本单位年度政府采购预算；审核本单位实施采购计划的采购资金的来源；复核采购支付申请手续，办理政府采购和自行采购的资金支付。

二、采购预算与计划管理

事业单位应当加强对政府采购业务预算与计划的管理，建立预算编制、政府采购和资产管理等部门或岗位之间的沟通协调机制，根据本单位的实际需求和相关标准编制政府采购预算，按照已批复的预算安排政府采购计划。

事业单位政府采购业务的预算控制主要包括采购预算的编制、审核、下达和最终的调整。

（一）采购预算的编制与审核

事业单位根据《政府采购目录和限额标准》，按照部门预算编制格式和口径，编制本单位下一年度政府采购预算，作为部门预算的一部分，由一级预算单位汇总后上报财政部门。临时机构的政府采购预算由其挂靠的部门汇总上报财政部门。若有列入自主创新产品目录的项目，在编制政府采购预算时单独填报相关的报表。

政府采购预算由业务部门根据实际需求提出预算建议数，由资产管理部门核实采购需求和相关标准，由采购部门审核汇总，由财会部门根据预算指标进行平衡，确定采购资金来源，经单位采购决策机构审定后形成单位年度政府采购预算，经财政部门批准后执行。

（二）采购预算调整的控制

单位应当认真执行政府采购预算，按照已批复的预算安排政府采购计划。年度内追加或者调整的政府采购项目，应当同时按原审批程序追加或者调整政府采购预算，经上级主管部门和同级财政部门批准后执行。

（三）采购计划的管理

单位应当加强对政府采购计划的管理，根据相关支出标准、采购预算和市场价格定期编报政府采购计划，报送财政部门及政府采购主管部门审批。

政府采购计划应详尽、完整、准确，除法律法规规定的适用情形外，采购项目不得指定品牌，采购需求不得含有倾向性、排他性。不得编报超预算、超标准、超配置的政府采购计划。

政府采购计划经批准后，由采购部门按批准的政府采购组织形式和采购方式执行。政府采购计划一经下达，原则上不得调整，确需变更、调整的，应当重新履行审核和审批的程序。建立采购需求单位内部的分权和岗位分离机制，对采购需求计划的评审应设置不同岗位进行管理。

采购计划的评审应由专人专岗进行，并设置为必经流程，设置科学合理的逐层逐级审批机制，每个层级的评审人员的构成应科学合理，重大采购需求应由单位领导办公会议讨论通过；在必要情况下需要聘请专业的评估机构对需求文件进行专业评审；应设置具备丰富经验的专业采购小组对采购计划进行校验。

三、采购方式的选择与审批

事业单位的采购活动按照采购组织方式的不同可以分为政府采购和自行采购。单位购买集中采购目录以外的且采购限额标准以下的货物、工程和服务，可采取自行采购方式。大部分情况下，自行采购方式的业务风险高于政府采购，单位应适当控制自行采购方式。

（一）政府采购的主要方式

1. 公开招标

公开招标是指招标采购单位依法以招标公告的方式邀请不特定的供应商参加投标。公开招标是政府采购的主要方式。一般来说，达到同级人民政府或者其授权机构发布的公开招标数额标准以上的政府采购项目，应当采用公开招标的采购方式。因特殊情况需要采用公开招标以外的采购方式的，应当在采购活动开始前获得政府采购监督管理部门的批准。采购人不得将应当以公开招标方式采购的政府采购项目化整为零，或者以其他任何方式规避公开招标采购。

2. 邀请招标

邀请招标是指招标采购单位依法从符合相应资格条件的供应商中随机邀请三家以上供应商，并以投标邀请书的方式，邀请其参加投标。

符合下列情形之一的政府采购项目，可以采用邀请招标方式采购：具有特殊性，只能从有限范围的供应商处采购的；采用公开招标方式的费用占政府采购项目总价值的比例过大的。

3. 竞争性谈判采购

竞争性谈判采购是指采购人或采购代理机构按照规定的程序，通过与符合项目资格要求的供应商就谈判文件进行谈判，最后确定成交供应商的采购方式。

符合下列情形之一的政府采购项目，可以采用竞争性谈判方式采购：招标后没有供应商投标或者没有合格标的或者重新招标未能成立的；技术复杂或者性质特殊，不能确定详细规格或者具体要求的；采用招标所需时间不能满足用户紧急需要的；不能事先计算出价格总额的。

4. 询价采购

询价采购是指采购人或采购代理机构按照法定程序向不少于三家的供应商就采购项目需求发出询价通知或询价函，按照询价采购原则确定成交供应商的采购方式。规格、标准统一、市场供应充足且价格变化幅度小的政府采购项目，可以采用询价方式采购。

5. 单一来源采购

单一来源采购是指采购人或采购代理机构采购符合法定单一来源采购条件的项目向单一供应商直接购买的采购方式。

符合下列情形之一的政府采购项目，可以采用单一来源方式采购：只能从唯一供应商处采购的项目；发生了不可预见的紧急情况不能从其他供应商处采购的项目；必须保证与原有采购项目的一致性或者拥有服务配套的要求，需要继续从原供应商处添购，且添购资金总额不超过原合同采购金额 10% 的项目。

值得注意的是，只有在公开招标、邀请招标、竞争性谈判、询价采购经两次招标失败后，才可采用单一来源采购方式。

6. 简易采购程序

政府集中采购目录通用项目中已实行协议供应（供货）的项目，可按简易采购程序办理网上协议采购、网上竞价或快速采购。具体按如下原则进行选定：凡实行协议供应（供货）的品目，应按协议供应的规定程序操作；如认为协议供应商的报价高于市场平均价格，可以在协议供应商范围内进行网上竞价；对于协议采购和网上竞价没有合适价格的协议供货项目、采用询价方式的项目、品牌单一又有多个分销商的货物类项目，可以采用快速采购方式，按照报价最低原则确定成交供应商。但是，属于协议供货的项目，成交价格必须低于协议供应商的报价。

（二）自行采购的主要方式

1. 预选供应商采购

自行采购范围内的采购项目，达到单位内规定限额标准以上且在政府采购限额以下的，应采用预选供应商采购方式。由采购部门每两年组织一次供应商资质入围招标，采购领导小组审核后公布。实施采购时各采购单位从入围供应商库中随机抽取中标供应商。各采购单位可以推荐符合要求的供应商参与入围招标，入围供应商两年内没有被各采购单位选用以及有违法违规行为的，退出入围供应商名单。

2. 自行评标采购

采购单位应设立评标小组和监察部门或岗位组织自行采购评标，自行采购评标可采用综合评分法、最低价法、抽签法、询价等四种方法。原则上应采用最低价法，确需采取其他三种方法的，由各采购单位集体研究决定。自行采购评标小组成员应由业务需求部门、单位采购牵头管理部门和单位财务等部门共同组成，人数为单数。有条件的单位应该建立评标人员库，对参与评标人员进行随机抽取，或者采取轮值方式，在必要的情况下可以随机选取外部专家参与评标。评标过程要有详细的记录并归档，记录资料至少应包括评标人员名单产生的过程、评标小组签到表和评标结果确认表等，上述资料均应标注具体时间，并由监督人员签字确认。

（三）采购方式的审批

采购单位领导小组对登记的采购需求进行复核后，才能提交归口部门审核，审核时应重点关注：是否有预算指标；是否按要求履行了市场价格调查；采购方式是否合理；资金来源是否符合规定。采购单位登记的采购需求，先由归口部门审核完毕后，再提交采购小组。

在公开采购方式下，采购小组在收到采购单位提交的采购登记后，对采购登记进行审核，无误后以采购登记为依据，编报采购计划，提交财政部门采购中心，按规定程序对采购计划进行审核。采购小组审核项目需求文件，无误后据以编制政府采购计划，报送财政部门，财政部门依法审核并下达政府采购计划。采购小组就如下事项进行审批：采购项目和资金是否在采购预算范围内；是否按要求履行了市场价格调查；采购方式的选取是否符合规范；其他需审查的合规性内容。

四、采购活动的管理

单位应加强对政府采购活动的管理，由采购部门实施归口管理，在政府采购活动中建立政府采购、资产管理、财会、内部审计、纪检监察等部门或岗位相互协调、相互制约的机制。对于采购额度较大的采购项目应当经过可行性研究和专家论证，保证政府采购项目及预算价格合理、参数公正可靠。

单位采购部门应按规定选择适合的政府采购方式，经政府采购主管部门批准后实施采购。

应建立规范的政府采购信息发布制度，在指定的范围和公共媒介上发布政府采购信息，提高政府采购活动的透明度。发布的政府采购信息主要包括公开招标公告、邀请招标资格预审公告、中标公告等。

应加强对政府采购申请的内部审核，由政府采购各相关部门对政府采购项目的合理性以及技术参数、预算价格、采购方式、信息发布等分别进行审核。对采购进口产品、变更采购方式等事项应当重点审核，严格履行审批手续。

政府采购实行集中采购与分散采购相结合，对纳入集中采购目录、采购资金在“集中采购限额标准”以上的采购项目实行集中采购。对纳入集中采购目录，采购资金在“集中采购限额标准”以下的采购项目，履行申报、审核程序，实行分散采购。

对集中采购目录以外的采购项目，采购资金在政府采购限额标准以上的，履行申报、审核程序，实行分散采购。采购资金在政府采购限额标准以下的采购项目，不属于政府采购范围，不需编报政府采购预算和履行申报、审核程序，由单位自行组织采购。实行集中采购的项目，采购部门应协调业务部门全程参与政府集中采购活动，资产管理、财会、内部审计、纪检监察等部门或岗位应做好事前和事后监督检查工作，保障集中采购活动的合法性、合理性。实行分散采购的项目，应合理确定采购方式，由采购部门按规定组织采购，资产管理、财会、内部审计、纪检监察等部门或岗位应参与并监督分散采购的全过程，以保障分散采购活动的合法性、合理性。

达到单位规定的限额标准以上且在政府采购限额标准以下的自行采购项目，可采取建立单位预选供应商库模式和单位自行组织评标采购两种模式。预选供应商适用于不同供应商提供的服务无差异或差异不大的情况，如印刷、修缮等；评标适用于供应商提供的服务有明显差别的情况，一般对服务要求的技术含量较高，供应商服务质量不一致，需要采用评标的方式确定最佳供应商，如办公家具购置、物业管理等。

应加强对政府采购业务质疑、投诉的答复与处理，指定纪检监察部门或岗位牵头负责，采购部门、业务部门及相关人员参加，针对质疑、投诉事项查清原委，并依据相关规定对投诉人做出正式答复。加强对涉密采购项目安全保密的管理。对于涉密的采购项目，单位应与相关供应商或采购中介机构签订保密协议或者在合同中设定保密条款。采购合同中涉及保密事项的，应有法律方面的专家参与制定。

五、采购验收与付款

采购验收一般是付款的前置条件，具体包括履约过程验收和货物、服务验收两个方面。采购验收应由专设机构或临时验收机构按规定的程序、依据合同等采购文件组织实施。验收合格后应出具验收报告，作为付款的依据。

（一）履约控制

按照政府采购合同，采购人和供应商组织履约验收。采购人指定专人负责与供应商协调、组织履约，并为供应商履约提供必要的准备。供应商应按照政府采购合同的要求及时进行履约。

在供应商供货、工程竣工或服务结束后，按照政府采购合同中验收的有关事项和标准由采购人组织验收，其中，采购人与采购代理机构签订验收委托代理协议的，由采购人和其委托的采购代理机构组织验收。大型或者复杂的政府采购项目，应当邀请国家认可的质量检测机构参加验收工作。验收方成员应当在验收书上签字，并承担相应的法律责任。

（二）验收控制

事业单位应当加强对政府采购项目验收的控制与管理，根据规定的验收制度和政府采购文件，由指定部门或专人对所购物品的品种、规格、数量、质量和其他相关内容进行验收，并出具验收证明。

1. 组建验收工作小组

采购人负责组织履约验收，并确定验收结果。采购人组织成立由相关专家以及用户、资产管理部门参加的 5 人及以上单数人员组成的验收工作小组。验收工作小组设置 1 名负责人，负责整个采购项目验收工作的组织领导。直接参与该采购项目方案的制订、评审的人员不得作为负责人。需要由质检或行业主管部门进行验收的项目，采购人必须邀请相关部门参加验收。采购人与采购代理机构签订委托代理协议有验收事项的，按照委托验收事项的要求，采购代理机构配合采购人做好验收工作。

2. 制订验收方案

验收工作小组根据签订的政府采购合同，在供应商供货、工程竣工或服务结束前，制订验收方案，明确验收内容，规定验收纪律，做好组织接收和验收的准备。

3. 组织验收

在供应商履约结束后，验收工作小组应按照职责分工，对照政府采购合同中验收的有关事项和标准核对每项验收事项，并按照验收方案及时组织验收。

采购人在验收或使用中发现供应商未按合同约定的时间、地点和方式履约，缺少应有的配件、附件等情况，验收工作小组应在相关验收事项后注明违约情形，并立即通知供应商。

供应商出现违约情形，及时纠正或补偿的，经验收工作小组同意，可免于追究责任；造成损失的，按合同约定追究违约责任，并报政府监督管理部门和采购代理机构记入供应商诚信档案。

采购人因验收不当造成损失的，自行负责，并由责任人承担相应责任。

采购人故意设置障碍或不积极配合验收，故意推迟采购项目验收时间，故意拖延提出资金支付申请时间的，赔偿供应商损失，对直接负责的主管人员和其他责任人员追究相关违约、违纪、违法责任。

采购人与供应商串通或要求供应商通过减少货物数量或降低服务标准，要求供应商出具虚假发票或任意更改销售发票等方式，谋取不正当利益的，追究相关违约、违纪、违法责任。

验收工作中，采购人的监察、审计、财务部门应当履行监督职责。

4. 出具验收证明

采购人根据验收工作小组验收合格的意见，核对无误后签字确认，并出具验收报告且加盖公章。验收报告中须有验收工作小组负责人及成员同意验收合格意见的署名签字和用户、资产管理部门负责人签字并加盖公章。

有采购代理机构参加验收的，采购代理机构应在验收报告上签署意见，加盖采购代理机构公章。有质检或行业主管部门参加验收的，质检或行业主管部门应在验收报告上签署意见，加盖质检或行业主管部门公章。

（三）支付采购资金

验收合格后，采购人应按照合同约定及时支付采购资金。

货物或服务验收完毕或工程项目竣工决算完毕，采购单位可向采购小组申请采购资金的支付。申请支付时，采购单位依据采购合同、验收报告、竣工决算报告等文件，按照资金支付的相关规定，填写相关表格，办理采购资金支付申请。

采购资金实行国库集中支付的，各采购单位应完善采购资金支付程序，需求部门在办理采购资金支付时，必须提交如下资料：审验手续齐备的采购资金支付申请单、真实合法的原始发票、中标通知书复印件（第一次支付）、合同及验收报告（第一次原件，后续复印件）。采购资金应按合同规定的支付进度支付，不得超前支付。

第五章　事业单位内部项目合同控制

第一节　建设项目控制设计

一、建设项目控制范围与目标

（一）建设项目控制范围

1. 建设项目的概念

建设项目是指行政事业单位自行或者委托其他单位进行的建造（包括新建、改建、扩建、修缮等）与安装活动，包括：建造房屋及建筑物、基础设施建设、大型修缮等。

2. 建设项目的特点

建设项目一般规模大、耗资多、周期长、牵涉面广、质量要求高、技术和工艺复杂，而且容易受到内、外部环境影响。建设项目已经成为我国行政事业单位重要的腐败领域之一、不确定性和风险大。

正如前总理温家宝在讲话中提到的，“当前公共工程建设、土地使用权出让、矿产资源开发利用、政府采购等领域，是以权谋私、腐败问题易发多发的重灾区”。现实中，工程资金高估冒算，招投标环节的暗箱操作，“豆腐渣”工程，以及相关经济犯罪和腐败案件时有发生，这就要求行政事业单位需要加强对建设项目的管控。

（二）建设项目控制目标

行政事业单位建设项目管理的基本任务是：贯彻执行国家有关法律、行政法规、方针政策；依法、合理、及时地筹集和使用建设资金，做好基本建设资金的预算编制、执行、控制、监督和考核工作;加强基本建设管理，严格项目审批程序，确保项目质量；有效节约建设资金，控制建设成本，提高投资效益。

行政事业单位建设项目管理的内部控制目标包括以下方面：

1. 合规性目标

（1）符合国家有关安全、消防、环保等基本建设规定及单位内部规章制度。

（2）遵守《中华人民共和国合同法》（以下简称《合同法》）等法律、法规的规定，维护单位的合法权益，避免单位承担法律风险。

2. 建设项目的效率与效果

（1）优化人员配置，执行有效的职责分工和设置科学的权限范围。

（2）建设项目投资决策正确，产生经济效益。

（3）施工管理有序，安全质量受控。

（4）通过优化方案减少投入，降低成本，保证项目效益。

（5）对建设项目风险采取必要的预防和控制措施，确保建设项目的健康运行，保护建设项目资产的安全。

3. 财务报告及相关信息的真实准确

（1）建立健全建设项目的台账、档案，保证建设项目核算的真实性、准确性、完整性。

（2）财务账表与实物核对相符。

（3）建设项目的确认、计量和报告应当符合国家相关会计核算规范。

（4）建设项目的财务报告真实可靠，管理报告及时准确、并能支持相关的管理决策。

4. 防范舞弊与预防腐败风险

防止并及时发现、纠正错误及舞弊，预防腐败行为。

二、建设项目控制业务流程与主要风险点

（一）行政事业单位建设项目业务流程

建设项目管理的业务流程可划分为工程立项、工程设计与概预算、工程招标、工程建设与工程竣工验收五个主要环节，每个环节具有更细化的业务活动。

工程立项流程：建设单位根据国民经济和社会发展长远规划，结合行业、地区、单位发展规划的要求，提出项目建议书；在调查研究和详细论证的基础上编制可行性研究报告；国家审批部门或单位组织相关专家对可行性研究报告进行论证和评审；做出决策。

工程设计与概预算流程：根据批准的可行性研究报告，进行初步设计；根据批准的初步设计，进行施工图设计。

工程招标流程：招标、投标、开标、评标和定标，签订施工合同。

工程建设流程：根据批准的施工图设计文件，进行施工前的各项准备工作、包括征地、拆迁和场地平整等；组织工程施工和设备安装。

工程竣工验收流程：进行竣工验收；竣工验收合格后，进行竣工结算与竣工决算，办理资产移交手续；进行会计核算与项目档案管理。

1. 工程立项流程

工程立项环节的流程描述如下：

（1）建设单位综合考虑产业政策、发展战略、经营计划等情况提出工程投资意向。

（2）建设单位根据工程投资意向，编制项目意向书。项目意向书内容一般包括：项目的必要性和依据；建设方案、拟建规模和建设地点的初步设想；投资估算、资金筹措方案设想；项目的进度安排；经济效果和社会效益的初步估计；环境影响的初步评价等。

（3）项目建议书编制完成后，应报单位决策机构审议批准，并视法规要求和具体情况报有关政府部门审批或备案。

（4）建设单位根据经批准的项目建议书开展可行性研究，对建设项目在技术、工程、财务、经济、组织、外部协作条件上是否合理和可行，进行全面分析、论证。

（5）建设单位组织有关部门或委托具有相应资质的专业机构，对可行性研究报告进行全面审核和评价，提出评审意见。

（6）项目评审通过后，建设单位编制可行性研究报告。

（7）可行性研究报告形成后，建设单位决策部门对其进行审批、必要时报政府部门审批。

（8）立项通过审批后，建设单位组织实施项目建设。

2. 工程设计与概预算流程

工程设计与概预算环节的流程描述如下：

（1）设计单位在设计前，要做好了解并掌握各种有关外部条件和客观情况、做好编制计划、配备人员等准备工作。

（2）设计单位进行初步设计，明确拟建工程在指定地点和规定期限内建设的技术可行性和经济合理性，确定主要技术方案、工程总造价和主要技术经济指标。

（3）设计单位将初步设计报建设单位进行审查和批准。

（4）设计单位根据概预算指标、概预算定额或综合指标预算定额、设备材料预算价格等资料，对经批准通过的初步设计进行修正，计算和确定建设项目从筹建到竣工交付使用的预期造价。

（5）建设单位对初步设计方案进行总体评审。

（6）设计单位对经评审通过的初步设计进行施工图设计，并根据施工图设计和已批准的施工图纸、现行预算定额、费用定额和材料、设备等资源价格，确定工程预算造价。

（7）建设单位对施工图设计和施工预算进行校对和审核。

（8）建设单位召开施工图会审会议，设计单位进行技术交底，介绍设计意图和技术要求，以便将来配合施工工作。

3. 工程招标流程

工程招标环节的流程描述如下：

（1）招标项目按照国家有关规定需要履行项目审批手续的，建设单位应当先履行审批手续，取得批准。

（2）建设单位在招标前期，应准备好招标文件。

①建设单位应确定招标标准，包括组织方式、招标方式、划分标段等，国家对招标项目的技术、标准有规定的，招标人应当在招标文件中提出相应要求。

②招标标准报经建设单位招标决策机构集体审议通过后执行。

（3）建设单位发布招标公告或邀请函，招标活动应当公开、透明，严格按照项目特点确定投标人的资格要求。建设单位不具备自行招标能力的，应当委托具有相应资质的招标机构代理招标。

（4）招标单位对投标单位进行资格预审。

（5）招标人根据招标项目的具体情况，可以组织投标人考察项目现场，以便投标人更深入地了解项目情况。

（6）投标预备会上，招标人对项目进行工程交底并解答投标人对工程项目提出的具体疑问。

（7）招标单位接收投标人按照招标文件的要求编制的投标文件。

（8）投标工作结束后，建设单位组织开标。

（9）由招标人依法组建的评标委员会，按照招标文件确定的评标标准和方法，对投标文件进行评审和比较，推荐合格的中标候选人；建设单位按照规定的权限和程序从中标候选人中确定中标人，向中标人发出中标通知书。

（10）中标人确定后，建设单位在规定期限内与中标人订立书面合同。

4. 工程建设流程

工程建设环节的流程描述如下：

（1）施工单位按照设计和开工前签订的合同所确定的工期，按合同规定的工程进度编制详细的分阶段或分项进度计划，提交开工表。

（2）监理机构根据相关法律法规、监理合同等对其开工条件进行审查。

（3）经监理机构审批后，施工单位严格按照分项、分部工程计划施工。

（4）施工单位按合同约定对材料、工程设备以及工程所有部位及其施工工艺进行全过程的自我质量检查和检验，报送监理机构审查。

（5）监理机构对工程的所有部位及其施工工艺进行检查验收。

（6）监理机构审验通过后，施工单位进行下道工序，完成全部单位工程或分部、分项工程后，报送监理机构进行验收检查。

（7）监理机构对其施工完成单位工程或分项、分部工程进行验收。

（8）监理机构验收通过后，由施工单位组织竣工验收自检。

5. 工程竣工验收流程

工程竣工验收环节的流程描述如下：

（1）施工单位单项工程施工完成，并按合同规定达到竣工验收条件。

（2）施工单位按照合同要求进行初步自检。

（3）自检合格后，施工单位向监理机构提交《工程竣工报验单》。

（4）监理机构对其完成工程进行全面检查。

（5）经监理机构审核通过的，监理机构签署《工程竣工报验单》，并上报建设单位进行验收。

（6）建设单位组织对单项工程进行验收。

（7）经建设单位验收合格的单项工程，由施工、监理、建设单位共同签署《交工验收书》。

（8）建设单位组织设计、施工、监理单位以及工程质量监督部门等对全部工程进行验收，对该项目是否符合规划设计要求以及建筑施工和设备安装质量进行全面检验。

（9）经竣工验收合格的全部工程，由施工、监理、建设单位共同签署《竣工验收鉴定书》。

（10）经竣工验收，固定资产达到预定可使用状态后，交付建设单位使用。

（二）建设项目的主要风险点

1. 立项环节的主要风险点

建设项目立项是整个建设项目开展的第一环节，也是防范风险的最重要阶段。该环节的主要风险点包括：

（1）建设项目管理建议书内容不合规、不完整，项目性质、用途模糊，拟建规模、标准不明确，项目投资估算和进度安排不协调。

（2）建设项目管理缺乏可行性研究、可行性研究流于形式或可行性研究的深度达不到质量标准的实际要求，可能导致无法为项目决策提供充分、可靠的依据，决策不当将使得预期效益难以实现，甚至项目失败。

（3）建设项目管理评审流于形式，可能误导项目决策；权限配置不合理、决策程序不规范可能导致决策失误，给单位带来巨大损失。

（4）建设项目管理决策失误，可能造成单位资产损失或资源浪费；项目未经适当审批或超越授权审批，可能产生重大差错或舞弊行为，从而使单位蒙受财产损失。

2. 设计与概预算环节的主要风险点

建设项目设计与概预算是建设项目管理的龙头，是建设项目质量的基础，是施工的依据，对建设项目的质量、功能、造价有着重大影响。该环节的主要风险点包括：

（1）在初步设计阶段表现为设计单位未达到相关资质要求、初步设计未进行多方案比较选择、初步设计出现较大疏漏、设计方案不合理、设计深度不足等问题，可能导致建设项目质量存在隐患、投资规模失控以及投入使用后运行成本过高。

（2）在施工图设计阶段表现为工程造价信息不对称、概预算脱离实际、技术方案未能有效落实、设计标准引用不当、设计错误或存在缺陷、设计变更频繁等问题，可能增加建设项目管理的质量风险和投资风险。

3. 招标环节的主要风险点

建设项目招标直接影响着建设项目造价，对建设项目管理目标的实现具有深远影响。该环节的主要风险点包括：

（1）招标人未做到公平、合理，如任意分解工程项目致使招标项目不完整，逃避公开招标，招标人为指定单位设置资格条件、评标规则等，都可能导致中标价格失实，中标人实质上难以承担工程项目。

（2）招标人与投标人串通，存在暗箱操作或商业贿赂等舞弊行为；多个投标人私下合作围标，以抬高价格或确保中标；投标人资质条件不符合要求或挂靠、冒用他人名义投标等等，导致工程质量难以保证。

（3）开标不公开、不透明，损害投标人利益；评标委员会成员缺乏专业水平，或者招标人向评标委员会施加影响，使评标流于形式；评标委员会与投标人串通作弊，损害招标人利益。

4. 建设环节的主要风险点

工程建设阶段是工程实体的形成阶段，是人力、物力、财力消耗的主要阶段，是建设项目管理中最复杂、最关键的阶段。行政事业单位在此阶段应着力控制好工程造价和工程质量。该环节的主要风险点包括：

（1）任意压缩工期、盲目赶进度，可能导致工程质量低劣、费用增加。

（2）质量、安全监管不到位，可能带来质量隐患；现场控制不当、项目变更审核不严格、工程变更频繁可能引发费用超支、工期延误等风险。

（3）工程物资采购、收发、保管等记录不完整，材料质次价高，可能引发成本风险。

（4）监理人员不具备职业道德、素质低下，可能导致工程监理不到位。

（5）建设项目价款结算管理不严格，价款结算不及时，项目资金不落实、使用管理混乱等因素，都可能引发工程质量低劣、进度延迟或中断的风险。

5. 竣工验收环节的主要风险点

竣工验收是指工程项目竣工后由建设单位会同设计、施工、监理单位以及工程质量监督部门等，对该项目是否符合规划设计要求以及建筑施工和设备安装质量进行全面检验的过程。该环节的主要风险点包括：

（1）竣工验收不规范，质量检验把关不严，可能导致工程交付使用后存在重大隐患。

（2）虚报项目投资完成额、虚列建设成本或者隐匿结余资金，将导致竣工决算失真。

（3）竣工验收时权责不明、验收不及时，验收资料不合格、不齐全或未按规定审批、都可能埋下重大隐患。

（4）建设项目未及时结转可能引发的风险。

三、建设项目控制主要控制措施

建设单位应当建立和完善各项管理制度，全面梳理项目建设过程的各个环节中可能存在的风险点，规范各环节的工作流程，明确相关部门和岗位的职责权限，做到可行性研究与决策、概预算编制与审核、项目实施与价款支付、竣工决算与审计等不相容职务的分离，强化对工程建设全过程的监控，确保工程项目的质量、进度和资金安全。建设项目管理的关键控制措施主要包括以下几个方面。

（一）立项环节主要控制措施

该环节的关键控制措施包括：

1. 项目立项与可行性研究

单位应当建立管理决策环节的控制制度，对项目建议和可行性研究报告的编制、项目决策程序等做出明确规定，确保项目决策的科学性和合理性。

2. 管理决策机制

单位应当根据职责分工和审批权限对项目管理进行决策，决策过程应有完整的书面记录。重大建设项目应当报经单位集体决策批准。严禁任何个人单独决策建设项目或者擅自改变集体决策意见。单位应当建立项目管理决策及实施责任制度，明确相关部门及人员的责任，定期或不定期地进行检查。

建设单位应当在项目立项后、正式施工前，依法取得建设用地、城市规划、环境保护、安全、施工等方面的许可。

（二）设计与概预算环节主要控制措施

单位应加强对在建项目施工前各项准备工作的控制，特别是工程设计和概预算工作。这是极大降低和有效防范建设项目潜在风险的重要环节。该环节的关键控制措施包括：

1. 设计单位选择程序和标准控制

单位应当建立相应的设计单位选择程序和标准，严格审查设计单位证书的等级、择优选取具有相应资质的设计单位并签订合同。重大工程项目应采用招投标方式选取设计单位。

2. 设计方案审核

单位应加强对建设项目设计过程的控制，组织相关部门及专业技术人员对设计方案进行分阶段审核，监督设计工作，确保设计方案与经批准的可行性研究报告的一致性。

3. 概预算控制

单位应当建立建设项目概预算环节的控制制度，对概预算的编制、审核等做出明确的规定；应当组织工程、技术、财会等部门的相关专业人员对编制的概预算进行审核，重点审查编制依据、项目内容、工程计量、定额套用等方面是否真实、完整、准确。

（三）招标环节主要控制措施

通过招投标程序可以选择优质优价的建设单位，从而确保工程质量，控制投资成本。因此，单位应当加强招投标环节的控制。该环节的关键控制措施包括：

1. 招标程序控制

单位应当建立建设项目招投标管理办法，根据项目的性质和标的金额，明确招标范围和要求、规范招标程序，不得人为肢解工程项目，规避招标。单位应当采用招标形式确定设计单位和施工单位，遵循公开、公正、平等竞争的原则，择优选取中标单位。

2. 项目标底的编制与审核

单位可以根据项目特点决定是否编制标底。需要编制标底的．可以自行或委托具有相应资质的中介机构编制标底。财务部应当审核标底计价内容、计价依据的准确性和合理性，以及标底价格是否在经批准的投资限额内。标底一经审定应密封保存，直至开标，所有接触过标底的人员均负有保密责任，不得泄露。一旦出现泄露情况，不仅要按规定追究有关责任人的法律责任，还要及时终止或延迟开标，待重新制定标底后再组织开标。

3. 评标程序控制

单位应当组建评标小组，评标小组应由单位的代表和相关技术、经济方面的专家组成。评标小组应客观、公正地履行职务，遵守职业道德，对其所提出的评审意见承担责任。评标小组应采用招标文件规定的评标标准和方法，对投标方进行评审和比较，择优选取中标候选人；对评标过程应进行记录，评标结果应有充分的评标记录作为支撑。

4. 中标结果控制

单位应当按照规定的权限和程序从中标候选人中确定中标人，及时向中标人发出中标通知书，在规定的期限内与中标人订立书面合同，明确双方的权利、义务和违约责任。

（四）建设环节主要控制措施

单位应当加强工程建设过程的监控，落实责任制，实行严格的概预算管理，严把质量关，确保建设项目达到设计要求。该环节的关键控制措施包括：

1. 监理控制

单位应当实行严格的建设项目监理制度。建设项目监理人员应当具备相应的资质和良好的职业操守，深入施工现场，做好建设项目进度和质量的监控，及时发现和纠正建设过程中的问题，客观公正地执行各项监理任务。未经工程监理人员签字，工程物资不得在工程上使用或者安装，不得进行下一道工序施工，不得拨付工程价款，不得进行竣工验收。

2. 进度价款支付控制

单位应当建立建设项目进度价款支付环节的控制制度，对价款支付的条件、方式以及会计核算程序做出明确规定，准确掌握工程进度，根据合同约定，及时支付工程款。

3. 资金使用控制

实行国库集中支付的建设项目，单位应当按照财政国库管理制度的相关规定，根据项目支出预算和工程进度办理资金支付等相关事项。

建设单位应当按照审批单位下达的投资计划（预算）专款专用，按规定标准开支，严禁截留、挪用和超批复范围使用资金。

经批准的投资概算是工程投资的最高限额，未经批准，不得突破，单位应当杜绝超规模、超概预算现象的发生。

4. 工程物资采购、验收和付款控制

对于自行建造的工程项目，以及以包工不包料方式委托其他单位承担的建设项目，单位应当建立对工程物资采购、验收和付款等环节的控制程序；由承包单位采购工程物资的，单位应当加强监督，确保工程物资符合设计标准和合同要求。严禁不合格工程物资投入工程项目建设。

5. 项目变更控制

单位应严格控制项目变更，对于必要的项目变更应经过相关部门或中介机构（如建设项目监理、财务监理等）的审核。重大项目变更应比照项目决策和预算控制的有关程序严格控制。因建设项目变更等原因造成价款支付方式及金额发生变动的，应当提供完整的书面文件和其他相关资料。单位会计人员应当对建设项目变更所涉及的价款支付进行审核。

第二节　会计控制设计

一、会计控制范围与目标

（一）会计控制和范围

会计控制（ accounting control ）就是措施控主体利用会计信息对资金运动进行的控制。具体而言，会计控制是指会计人员（部门）通过财务法规、财务制度、财务定额、财务计划目标等对资金运动（或日常财务活动、现金流转）进行指导、组织督促和约束，确保财务计划（目标）实现的管理活动。会计控制的内容主要包括货币资金、实物资产、对外投资、工程项目、采购与付款、筹资、销售与收款、成本费用、担保等经济业务的会计控制。单位要加强其内部会计控制制度建设。

（二）会计控制的目标

内部控制的目标是比较广泛的。就内部会计控制而言，其目标分为会计总体目标和具体目标两个层次。会计控制的总体目标是提高会计信息质量、保护财产安全完整和确保法律、法规、规章、制度的贯彻执行等。会计控制的具体目标是会计控制总体目标的具体化，具体包括：规范单位会计行为，保证会计资料真实、完整；堵塞漏洞、消除隐患，防止并及时发现、纠正错误及舞弊行为，保护单位资产的安全、完整；确保国家有关法律、法规和单位内部规章制度的贯彻执行。

二、会计控制业务流程与主要风险点

（一）会计业务审核环节

1. 原始凭证审核的主要风险点

原始凭证的基本内容一般包括：凭证名称、接受单位名称或个人的名称、发生业务的内容，计量数量、单位、单价、金额，凭证填制的日期、经手人的签章、凭证编号、凭证联次和其他发票应具有的附件等。原始凭证应客观真实、合理合法，因为它直接关系到行政事业单位会计信息是否真实、可靠，也关系到会计工作的质量，影响到正确的计量和分析经营状况，所以原始发票是我们在做会计审核时应审核的第一项内容。行政事业单位原始发票的差错是导致会计核算中许多差错的源头。原始发票的差错一方面由于人为原因伪造所致，另一方面也反映了行政事业单位内部的管理制度订立不够严格。一个单位如果出现人为操作原始发票，会对社会和公司产生很大的危害，对会计人员来说，也是具有很大风险的。原始发票中的错误是多种多样的、在审核原始发票时应注意以下几个方面：原始发票的抬头、原始发票的日期、原始发票的书写错误、原始发票的数量或金额错误。因此，原始凭证审核的主要风险点有：

（1）没有对原始凭证的形式进行分析审核。其主要包括：没有审核原始凭证的要素是否齐备；没有审核原始凭证所填写的文字、数字是否清楚完整，更正方法是否符合规定，有无涂改、人为变造；没有审核原始凭证所办理的审批传递手续是否符合规定程序，有关人员是否全部正式签章，是否盖有财务章、发票章或公章戳记；没有审核自制原始凭证（包括证、券、单、表）是否连续编号，其存根与所开具的凭证是否一致；没有审核外来原始凭证是否属于符合国家法律规定的许可票证。

（2）没有对原始凭证的内容进行分析审核。其主要包括：没有审核经济业务的摘要是否与原始凭证所反映的业务内容一致；没有审核经济业务的处理程序和手续是否按要求办理；没有审核对应当附有其他相关入库、出库及有关明细的其他凭证是否已经作为附件；没有审核有无人为利用原始凭证进行舞弊的行为。

2. 记账凭证审核的主要风险点

记账凭证可以将经济业务从原始状态过渡至会计账簿之中，起到了桥梁和传递的作用。记账凭证的主要职能是反映经济业务活动在会计处理上所实行的方法（即会计分录），明确会计处理责任。具体来说，记账凭证审核的主要风险点表现在：摘要记录错误、科目运用错误、凭证使用错误、记账凭证无编号或者编号错误、印鉴错误、附件数量和金额错误。因此，记账凭证审核的主要风险点有：

（1）没有检查记账凭证的基本要素是否完整，有无缺少或空白，主要是填制日期、编号、业务内容摘要、附原始凭证张数、会计科目及其借贷方向，填制、出纳、复核、会计主管人员的签章等是否清晰、准确。

（2）没有检查会计科目的运用是否符合经济业务的性质和内容，是否符合有关财务制度和会计制度的规定，借贷方向与金额是否正确。

（3）没有检查记账凭证签章栏，各级负责人和有关经办人的签章是否齐备。

（4）没有复核记账凭证的各明细科目金额、合计金额是否正确，有无多计、少计和误计。

（5）没有核对记账凭证与对应的账簿记录是否一致、有无出入和账证不符的情况。

（6）没有与所附的原始凭证核对数量、金额、摘要等是否一致，有无账证不符的现象。

3. 账簿审核的主要风险点

会计账簿是记录和反映经济业务信息的主要载体，是经济凭证和财务报表之间的桥梁，其质量水平既取决于凭证的质量，又决定了报表的质量，企事业单位会计核算的大量工作是集中并反映于会计账簿之中，因此对会计账簿进行分析检查是保证会计核算的质量、分析被查单位会计工作水平的重要方面。具体来说，账簿审核的主要风险点表现在：账户设置错误；记账依据错误；账簿使用形式错误；账簿启用、交接错误；记账错误；更账错误；账簿登记未能平衡；账簿保管错误；无据记账，凭空记账；计算机记账造假。因此，账簿审核的主要风险点有：

（1）没有复核、验证有关账簿所记载的收、付、存的数额及其小计、合计数的正确性。

（2）没有审查账簿的入账登记、过账、改账、结账等操作业务的规范性和合规性，检查其账户对应关系的清晰性。

（3）没有对有关总账和明细账进行核对分析，保证账账相符。

（4）没有对账簿中记录业务发生的异常点进行重点检查，并根据异常情况和重要错误的线索，进一步检查相应的会计凭证和实物，查明问题的原因所在。

（5）没有将账簿检查过程中发现的问题进行归纳分类，收集有关证据数据，根据不同的性质，将账簿中发现的错误归为一类，将账簿中发现的舞弊归为另一类，列出其造成的危害和影响，并将有关证据材料附于其后。

4. 会计报表审核的主要风险点

会计报表是行政事业单位财务报告的主要部分，是行政事业单位向外传递会计信息的主要手段。会计报表是根据日常会计核算资料定期编制的、综合反映单位某一特定日期财务状况和某一会计期间经营成果、现金流量等的总结性书面文件。会计报表常见错误表现在以下几方面：会计报表的真实性、公允性；会计报表的合理性和有效性；会计报表的规范性。因此，会计报表审核的主要风险点有：

（1）未对会计报表进行常规性审查。其主要包括：没有审查报表编制是否符合规定的手续和程序；没有审查各种报表（如主表、附表、附注以及财务情况说明书）的编制是否齐全；没有审查报表的截止日期是否适当，资料来源是否可靠；没有审查报表内容是否完整；各项目数据如年初数和期末数及小计、合计、总计是否正确；没有对报表逐一核对。

（2）未审查报表钩稽关系。其主要包括：没有审查各报表之间的钩稽关系；没有审查本期报表内部各项目之间的钩稽关系；没有审查主表与附表之间的关系；没有审查各类报表之间的钩稽关系。

（3）未检查报表中有关内容。对报表中有关内容的审查是报表审查的核心，即对报表中有关数据进行审查分析，即验证报表中的数据是否真实正确地反映了公司的财务状况、经营成果和现金流量，并进一步观察公司经营活动的合规性、合法性和有效性。

（二）会计凭证填制和传递环节

1. 会计凭证填制

（1）原始凭证填制的主要风险点

原始凭证是根据经济业务活动的执行和完成情况填制的，并具有法律效力的书面证明。为了保证原始凭证能够正确、及时、清晰地反映各项经济业务活动的真实情况，提高会计核算的质量，并真正具备法律效力，原始凭证必须严格按照相关要求填写。总体来说，原始凭证填制的主要风险点有：

1）凭证所反映的经济业务不合法，没有符合国家有关政策、法令、规章、制度的要求。

2）填制在凭证上的内容和数字，缺乏真实可靠性，不符合有关经济业务的实际情况。

3）各种凭证的内容填写不齐全、存在遗漏，不符合手续完备的要求，经办业务的有关部门和人员没有认真审查，也没有签名盖章。

4）各种凭证的书写不符合规定的要求，使用未经国务院公布的简化字；大小写金额数字不符合规格，没有正确填写。

5）随意涂改、刮擦、挖补各种凭证，采用了不正确的方法更正填写的错误。

6）没有对各种凭证编号，以便查考。各种凭证如果已预先印定编号，在写坏作废时，没有加盖“作废”截止，没有得到妥善保存，或者已撕毁。

7）没有及时填制各种凭证，没有按照规定程序，及时送交财会部门，由财会部门加以审核，并据以编制记账凭证。

（2）记账凭证填制的主要风险点

记账凭证是会计人员根据审核无误后的原始凭证或汇总原始凭证，按照经济业务的内容加以归类，用来确定会计分录而填制的直接作为登记账簿的依据。会计人员填制记账凭证时要严格按照规定的格式和内容进行。总体来说，记账凭证填制的主要风险点有：

1）记账凭证的填制缺乏真实可靠性，内容不够完整，填制不及时，书写不清楚。

2）摘要栏未能简单明了地填写经济业务内容的要点，文字说明不够准确、简练、概括。

3）会计科目使用不正确，账户对应关系不清楚。

4）金额栏的数字未能对准借贷栏次和账户行次正确填写，出现错栏串行的错误。角分位留有空白，多余的金额栏没有划一拉长的“—”形线注销。

5）各种记账凭证没有每月连续编号。

6）每张记账凭证没有注明所附原始凭证或原始凭证汇总表（附件）的张数。对于重要资料或原始凭证数量过多需要单独保管的，没有在记账凭证摘要栏中加以说明，并注明保管地点及编号。

7）记账凭证填写完毕，没有与有关原始凭证核对，有关人员没有签名或盖章。

2. 会计凭证传递

会计凭证的传递是指从原始凭证的填制或取得开始，经过填制、稽核、记账，直到归档保管为止的整个过程中，在本单位内部有关职能部门和人员之间的传递路线、传递时间和处理程序。正确组织会计凭证的传递，对于提高会计核算资料的及时性，正确组织经济活动，加强经济责任，实行会计监督、具有重要的意义。会计凭证传递常见的风险点有：

1）没有根据经济业务的特点、机构的设置和人员分工的情况及经营管理上的需要，恰当地规定各种会计凭证的格式、份数、传递的程序，使得会计凭证的传递既不能满足会计核算的要求，也不能兼顾计划、统计、管理上的需要；既增加了凭证上不必要的传递环节，又影响了按规定手续进行处理和审核。

2）没有根据有关部门和人员对经济业务办理必要手续（如计量、检验、审核、登记等）的需要，确定凭证在各个环节停留的时间，以保证业务手续的完成，或者增加了不必要的耽搁，使得会计凭证传递的速度变慢，没有充分发挥它及时传递经济信息的作用。

3）没有建立凭证交接的签收制度。为了确保会计凭证的安全和完整，在各个环节中都应指定专人办理交接手续，做到责任明确，手续完备、严密、简便易行。

（三）会计账簿登记环节

账簿作为重要的会计档案资料和会计信息的主要储存工具，必须按规定的方法、依据审核无误的记账凭证进行登记。在会计账簿登记环节常见的风险点有：

（1）账簿登记不正确、不及时。其主要包括：登记账簿时，未将会计凭证日期、编号、业务内容摘要、金额和其他有关资料逐项记入账内。登记完毕后，没有在会计凭证上签名或盖章，并注明已经登账的符号（如“√”），表示已经记账，防止重记、漏记。

（2）账簿登记不清晰、不整洁。其主要包括：账簿中书写的文字和数字上面没有留适当空距，写满格。使用圆珠笔（银行的复写账簿除外）或铅笔书写，更正错账中规定用红色墨水记账的例外。采用刮擦、挖补、涂抹或用“消字灵”更改字迹。

（3）账簿记录不连贯。其主要包括：各种账簿没有按页次顺序连续登记，存在跳行、隔页现象。如果发生跳行、隔页，没有将空行、空页画线注销，或没有注明“此行空白”或“此页空白”字样，并没有由记账人员签名或盖章。每一账页登记完毕结转下页时，没有结出本页合计数及余额，没有写在本页最后一行和下页第一行有关栏内，也没有在本页的摘要栏内注明“转后页”字样，在此页的摘要栏内注明“承前页”字样。

（四）财务报告编审和披露环节

1. 财务报告编审

财务报告的编制单位应做好财务报告的审核工作，确保上报数据资料真实、完整、准确。自行审核是指各级行政事业单位在上报决算会计报告前应自行将本单位报表、磁盘以及有关数据资料，按统一规定的审核内容进行逐项复核。财务报告编审常见的风险点有：

（1）编制范围不够全面，存在漏报和重复编报现象。

（2）编制方法不符合国家统一的财务会计制度，不符合行政单位会计决算报告的编制要求。

（3）编制内容不真实、不完整、不准确，单位账簿与报表不相符、金额单位不正确，存在漏报、重报项目。

（4）报表中的相关数据不一致，包括各表数据之间、分户数据与汇总数据之间、报表数据与计算机录入数据之间不一致。

（5）没有对报表与上年数据资料进行核对，数据变动不合理。

2. 财务报告披露

财务报告披露存在的主要风险点有：

（1）没有按期提供财务报告。其主要包括：经审计后，单位月度财务报告于月度终了后未能在 6 日内对外提供；季度财务报告于季度终了后未能在 15 日内对外提供；半年度中期财务报告于年度中期结束后未能在 60 日内对外提供；年度财务报告于年度终了后未能在 4 个月内对外提供；各子公司的各类报表均未能在次月 4 日内完成并报送财务部。

（2）年度财务报告发布方式不正确。没有根据相关的规定，在规定时间内向相关部门提交记载的内容，并予以公告。记载的内容未能包括单位概况；单位财务会计报告和经营情况；董事、监事、经理、有关高级管理人员的简介及其持股情况；已发行的股票、债券情况，包括持有本单位股份最多的前 10 名股东的名单和持股数额；国务院证券监督管理机构规定的其他事项。

（3）单位对外提供的财务会计报告没有依次编订页码，并加具封面、装订成册、加盖公章及负责人、财务主管、会计师事务所负责人的名章。封面上没有注明单位名称、单位统一代码、组织形式、地址、报表所属年度或者月份、报出日期等信息。

三、会计控制主要控制措施

（一）会计内部控制基础工作设计

1. 岗位分工与责任

各单位应当根据会计业务的需要设置会计工作岗位。会计工作岗位可分为：会计机构负责人（会计主管人员）、出纳、财产物资核算、工资核算、成本费用核算、资金核算、往来结算、税务核算、总账报表、稽核、会计信息系统管理、档案保管等。

开展会计电算化和管理会计的单位，可以根据需要设置相应的工作岗位，也可以与其他工作岗位相结合。

会计工作岗位可以一人一岗、一人多岗或者一岗多人。会计工作岗位的具体设置应当符合以下基本要求：

（1）出纳人员不得兼管稽核、会计档案保管和预算收入、预算支出、非税收入、非税支出、债权、债务等账簿的登记工作。

（2）出纳人员以外的会计人员不得兼管现金、有价证券和票据。

（3）会计机构负责人（会计主管人员）不得兼任出纳工作。

（4）会计人员不得兼任内部审计工作。

（5）记账人员不得兼任采购员和保管员工作。

（6）审核记账人员不得兼任软件操作人员的输入工作。

（7）实现会计电算化的单位，出纳员、程序编制人员不得兼任微机录入工作、不得进行系统操作。

2. 岗位授权与内部牵制

（1）岗位授权。岗位授权是指主管将职权或职责授给某位下属负担，并责令其负责管理性或事务性工作。行政事业单位中的所有工作任务都应有承载的岗位，而所有岗位都为完成既定工作任务而存在、不应该存在无事之岗和无岗之事的现象。在行政事业单位中，所有的职责划分、权力执行都是以岗位为基础的，不管是谁只要占据了某一岗位，就拥有了行政事业单位赋予该岗位的权力、而一旦失去该岗位也同时失去了行使该岗位职责的权力。具体来说，岗位授权的程序可以分为四个步骤：第一，确定任务，即哪些任务和工作是可以授权的；第二，制订计划，即授权的目标、标准与成果评估方法；第三，选贤任能，即选择合适的人授权；第四，落实分工，即将任务和相应的资源、权力分配给被授权者。此外，在授权过程中，还需要一定的监督、支持和帮助，以保证其顺利完成任务。

（2）内部牵制。本着不相容岗位相互分离的原则，行政事业单位要实现会计记录与业务经办相分离、业务经办与授权批准相分离、财产保管与会计记录相分离、业务稽核与业务经办相分离、监督检查与授权批准相分离。行政事业单位要努力建设一支思想素质高、业务水平过硬的财务会计队伍，合理设置财务和会计相关岗位，明确各岗位的职责和权限，形成有效的内部牵制制度。

3. 原始记录管理和内部稽核

（1）原始记录管理

原始记录管理制度是指统一原始记录的格式、内容、填制方法和传递程序，明确原始记录填制人与审核人责任的一种制度、旨在保证会计核算基础环节的有序、正常和高效。其主要内容包括：

1）关于内容的规定。不同部门根据各自业务活动的需要，应按规定要求做好有关原始记录，为会计核算部门、统计部门及单位内部管理提供原始资料。

2）关于格式的规定。原始记录格式是由单位自行设计的，本着简明扼要、通俗易懂的原则，既便于各职能部门汇总，又便于相关人员填写。

3）关于填制要求的规定。原始记录应当由生产经营人员或管理人员负责填制，要求做到记录真实、内容完整、数字准确、书写清晰、传递及时、保管完整。

（2）内部稽核

内部稽核制度是指各单位的会计机构指定专职或者兼职会计人员，负责对本单位的会计凭证、会计账簿、财务会计报告和其他会计资料进行审核的制度。内部稽核制度是内部控制制度的重要组成部分。内部稽核制度不同于内部审计制度、前者是会计机构内部的一种工作制度；后者是单位在会计机构之外另行设置的内部审计机构或者审计人员对会计工作进行再检查的一种制度。从会计工作的实际情况来看，会计机构内部稽核工作一般包括以下主要内容：

1）审核财务、成本、费用等计划指标项目是否齐全，编制依据是否可靠，有关计算是否正确，各项计划指标是否互相衔接等。审核之后应提出建议或意见，以便修改和完善计划与预算。

2）审核实际发生的经济业务或财务收支是否符合现行法律、法规、规章制度的规定。对审核中发现的问题，及时予以制止或者纠正。

3）审核会计凭证、会计账簿、财务会计报告和其他会计资料的内容是否真实、完整，计算是否正确，手续是否齐全，是否符合有关法律、法规、规章制度的规定。

4）审核各项财产物资的增减变动和结存情况，并与账面记录进行核对，确定账实是否相符。不符时，应查明账实不符的原因，并提出改进的措施。

（二）财务收支审批和报销环节

1. 财务收支审批

依据内部控制的原则，财务收支审批制度设计中应该包括以下内容：

（1）财务收支审批人员和审批权限。明确审批人及对业务的授权批准方式、权限、程序、责任和相关控制措施。审批人应当根据授权规定，在授权范围内进行审批、不得超越审批权限；在确定审批人员和审批权限时，必须坚持可控性原则，即审批人员必须能够对其审批权限内的经济业务具有控制权。只有这样，才能保证审批人员审批财务收支的真实性、合法性和合理性，提高审批质量。

（2）财务收支审批程序。单位发生的各项财务收支，应当按照规定的程序进行审批和批准。在实际工作中，许多单位一般先由经办人员在取得或填制的原始凭证上签字，然后再据以向规定的审批人员审批，审批通过后交会计部门审核入账或报账。这种审批模式存在许多不足之处。因为在一般情况下，审批人员的职位高于会计人员，先审批后审核，即使会计人员发现疑问已是“既成事实”，会计人员往往不会或不敢有异议，这显然不利于发挥会计的审核监督作用。因此，在设计审批程序时，如果审批人员的职位高于审核人员，应实行先审核、后审批的程序。

（3）财务收支审批的内容。财务收支审批的内容主要是财务收支的真实性、合法性和合理性。其具体包括：①财务收支是否符合财务计划或合同规定；②财务收支是否符合《中华人民共和国会计法》、有关法规和内部会计管理制度；③财务收支的内容和数据是否真实；④财务收支是否符合效益性原则；⑤财务收支的原始凭证是否符合国家统一会计制度规定等。

（4）财务收支审批人员的责任。财务收支审批制度必须坚持权责对等的原则。在审批制度中，必须规定审批人员应该承担的义务和责任。其具体包括：审批人员应该定期向授权领导或职工代表汇报其审批情况；审批人员失职应该承担的责任等。

2. 报销

（1）严格执行权签等级制度。根据执行与检查的职责需要分离的原理，要求任何级别业务人员都不能权签自己的费用，包括单位领导在内。如果业务发生人将费用单据转交低级别的人员提交，而自己再权签该业务费用，就属于典型的逃避权签等级的行为。对这些隐性的违反内部控制的行为进行甄别，需要财务部会计在审核这些费用时，查询更多的费用清单、交易明细，以判断业务真实的发生人。有的单位化繁为简，规定如多人发生同一项业务活动时，必须以最高级别的人员来报销费用，如此才能有效保证单位的权签等级得到遵循。

（2）强化业务工作通报机制。加强结账前的试算平衡表检查是有效的事后防治手段，而更积极的应对措施则需要在明细账之间建立业务通报机制，共享中转科目的使用，互相检查。

（3）加强预算管理。预算额度是费用报销的高压线，超过预算额度的业务活动需要特别审批。加强预算的管理作用，需要在费用报销审批环节就将预算额度纳入预算的管理范围，预算内的费用或付款将被优先审批支付；超过预算的业务活动将被更严格地审批。另外，所有的预算均需要拆分到单位或部门内明细业务以及人员。预算的控制只有通过对明细项目的控制，才能达到总预算的有效执行。

（4）防止预提费用失控滥用。费用报销滞后是客观存在的，不能完全克服，但单位内控人员需要从防范公司风险的角度来建立防止预提费用失控滥用的制度。会计主体首先需要确立单位会计政策，明确预提费用的范围、金额限度、反冲办法、错误稽核与改进措施。例如，设定单一费用的发生额下限，超过该限额的费用均需要预提，从会计分录来看，形成预提费用的同时，必然形成预提负债。内控人员可通过当期计人的费用发生额与反冲额对比，来判断预提的准确性，并分析其中的原因。账龄分析也是稽核预提费用的一种常用办法，通过对长期挂账的预提负债的账龄分析，可以发现原对应的预提费用是否正确。实际工作中，比较有效的一种控制措施是提高费用入账的及时率。另外，还要加大对超期报销的处罚力度，从反面强化及时报销入账。

（三）会计凭证填制和传递环节

1. 会计凭证填制

（1）原始凭证填制

由于原始凭证的种类不同，其具体填制方法和填制要求也不尽一致，但就原始凭证应反映经济业务、明确经济责任而言，原始凭证的填制有其一般要求。为了确保会计核算资料的真实、正确并及时反映，行政事业单位应当根据相关规定，建立原始凭证填制的内部控制，并组织实施。具体而言，其内部控制一般包括以下内容：

1）必须真实和正确。原始凭证中应填写的项目和内容必须真实、正确地反映经济业务的原貌。无论日期、内容、数量和金额都必须如实填写，不能以估算和概算的数字填列，更不能弄虚作假，改变事实的真相。

2）必须完整和清楚。原始凭证中规定的项目都必须填写齐全，不能缺漏。文字说明和数字要填写清楚、整齐和规范，凭证填写的手续必须完备。

3）书写格式要规范。原始凭证要用蓝色或黑色水性笔书写，字迹清楚、规范，填写支票必须使用碳素笔，属于需要套写的凭证，必须一次套写清楚，合计的小写金额前应加注币值符号，如“Y”等。大写金额有分的，后面不加“整”字、其余一律在末尾加“整”字，大写金额前还应加注币值单位，注明“人民币”“美元”“港币”等字样，且币值单位与金额数字之间，以及各金额数字之间不得留有空隙。各种凭证不得随意涂改、刮擦、挖补，若填写错误、应采用规定方法予以更正。对于重要的原始凭证，如支票以及各种结算凭证，一律不得涂改。对于预先印有编号的各种凭证，在填写出现错误后，要加盖“作废”戳记，并单独保管。阿拉伯数字应一个一个地写，不得连笔写。阿拉伯数字金额前面应写人民币符号“￥”。人民币符号“￥”与阿拉伯数字金额之间不得留有空白。凡阿拉伯数字金额前写有人民币符号“￥”的，数字后面不再写“元”字。所有以元为单位的阿拉伯数字金额，除表示单价等情况外，一律填写到角分。没有角分的，角位和分位可写“00”或符号“-”；有角无分的，分位应写“0”，不得用符号“-”代替。

汉字大写金额数字，一律用正楷字或行书字书写，如壹、贰、叁、肆、伍、陆、柒、捌、玖、拾、佰、仟、万，不得用一、二（两）、三、四、五、六、七、八、九、十、毛、另（或0）等字样代替，不得任意自造简化字。

4）必须有经办人员和有关责任人员的签章。原始凭证在填制完成后，经办人员和有关责任人员都要认真审核并签章，对凭证的真实性、合法性负责。对于一些重大的经济业务，还应经过本单位负责人签章，以示批准的职权。

5）必须及时填制。原始凭证应在经济业务发生或完成时及时填制并按规定的程序和手续传递至有关业务部门和会计部门，以便及时办理后续业务，并进行审核和记账。

（2）记账凭证填制

1）除结账和更正错误、记账凭证必须附有原始凭证并注明原始凭证的张数。

2）一张原始凭证所列的支出需要由两个以上的单位共同负担时，应当由保存该原始凭证的单位开给其他应负担单位原始凭证分割单。

3）记账凭证编号的方法有多种，可以按现金收付、银行存款收付和转账业务三类别编号、即“现字第 × 号”“银字第 × 号”“转字第 × 号”，也可以按现金收入、现金支出、银行存款收入、银行存款支出和转账五类进行编号，即“现收字第 × 号”“银收字第 × 号”“现付字第 × 号”“银付字第 × 号”“转字第 × 号”。各单位应当根据本单位业务繁简程度、人员多寡和分工情况来选择便于记账、查账、内部稽核的简单严密的编号方法。无论采用哪一种编号方法，都应该按月顺序编号，即每月都从1号编起，顺序编至月末。

4）若记账之前发现记账凭证有错误，应重新编制正确的记账凭证，并将错误凭证作废或撕毁。已经登记入账的记账凭证，在当年内发现填写错误时，应用红字填写一张与原内容相同的记账凭证，在摘要栏注明“注销某月某日某号凭证”，同时再用蓝字重新填制一张正确的记账凭证，注明“订正某月某日某号凭证”。如果会计科目没有错误，只是金额错误，也可以将正确数字与错误数字之间的差额，另编一张调整的记账凭证，调增金额用蓝字，调减金额用红字。发现以前年度的错误，应用蓝字填制一张更正的记账凭证。

还存在特殊情况。在出现以下经济业务时，要同时编制两种记账凭证：一是销售一批产品，现有一部分货款已收到，而另一部分货款没有收到。这个时候，应该同时编制收款凭证和转账凭证。二是业务人员出差回来后报销差旅费，余款退回。此时，也应该同时编制收款凭证和转账凭证。

5）实行会计电算化的单位，其机制记账凭证应当符合对记账凭证的一般要求，并应认真审核，做到会计科目使用正确，数字准确无误。打印出来的机制记账凭证上，要加盖制单人员、审核人员、记账人员和会计主管人员印章或者签字，以明确责任。

6）记账凭证填制完经济业务事项后，如有空行，应当在金额栏目最后一笔金额数字下空行处至合计数上的空行处画线注销。

7）正确编制会计分录并保证借贷平衡。

8）摘要应与原始凭证内容一致，能正确反映经济业务的主要内容，表述简单精练。

9）只涉及现金和银行存款之间收入或付出的经济业务，应以付款业务为主，只填制付款凭证，不填制收款凭证，以免重复。

2. 会计凭证传递

会计凭证传递办法是经营管理的一项重要规章制度，一经制定，有关部门和人员必须遵照执行。会计凭证传递的内部控制主要包括以下几个方面的内容：

（1）规定会计凭证的传递程序。根据经济业务的特点，内部机构组织，岗位分工以及各职能部门利用这种凭证进行经济管理的需要、规定各种凭证的联数和传递程序，做到即使有关部门和人员了解经济业务的情况，及时办理凭证手续，又能避免不必要的环节，提高效率。

（2）确定会计凭证在各个环节停留的时间。根据有关部门或人员使用会计凭证办理业务手续对时间的合理需要，确定其在各个环节停留的时间，既要防止时间过久造成积压，又要防止时间过短造成草率从事。

（3）制定会计凭证传递过程中的交接签收制度。为保证会计凭证在传递过程中的安全完整、防止出现毁损、遗失或其他意外情况，应制定各个环节凭证传递的交接签收制度。

（四）会计账簿登记环节

各单位应当按照国家统一会计制度的规定和会计业务的需要设置会计账簿。会计账簿包括总账、明细账、日记账和其他辅助性账簿。会计账簿登记的主要的内部控制措施包括下列内容：

（1）库存现金日记账和银行存款日记账必须采用订本式账簿，不得用银行对账单或者其他方法代替日记账。

（2）实行会计电算化的单位，用计算机打印的会计账簿必须连续编号，经审核无误后装订成册，并由记账人员和会计机构负责人、会计主管人员签字或者盖章。

（3）启用会计账簿时，应当在账簿封面上写明单位名称和账簿名称。在账簿扉页上应当附启用表，内容包括启用日期、账簿页数、记账人员和会计机构负责人、会计主管人员姓名，并加盖名章和单位公章。记账人员或者会计机构负责人、会计主管人员调动工作时，应当注明交接日期、接办人员或者监交人员姓名，并由交接双方人员签名或者盖章。

启用订本式账簿，应当从第一页到最后一页顺序编定页数，不得跳页、缺号。使用活页式账页，应当按账户顺序编号，并须定期装订成册。装订后再按实际使用的账页顺序编定页码。另加目录，记明每个账户的名称和页次。

（4）会计人员应当根据审核无误的会计凭证登记会计账簿，遵循登记账簿的基本要求。

（5）实行会计电算化的单位，总账和明细账应当定期打印。发生收款和付款业务的，在输入收款凭证和付款凭证的当天必须打印出库存现金日记账和银行存款日记账，并与库存现金核对无误。

（6）账簿记录发生错误，不准涂改、挖补、刮擦或者用药水消除字迹，不准重新抄写，必须按照规定的方法进行更正。

（7）各单位应当定期对会计账簿记录的有关数字与库存实物、货币资金、有价证券、往来单位或者个人等进行相互核对，保证账证相符、账账相符、账实相符对账工作每年至少进行一次。

（8）各单位应当按照规定定期结账。

（五）财务报告编审和披露环节

各单位必须按照国家统一会计制度的规定，定期编制财务报告。财务报告包括会计报表及其说明。会计报表包括会计报表主表、会计报表附表、会计报表附注。各单位对外报送的财务报告应当根据国家统一会计制度规定的格式和要求编制。单位内部使用的财务报告，其格式和要求由各单位自行规定。其内部控制的主要内容包括：

（1）会计报表应当根据登记完整、核对无误的会计账簿记录和其他有关资料编制，做到数字真实、计算准确、内容完整、说明清楚。任何人不得篡改或者授意、指使、强令他人篡改会计报表的有关数字。

（2）会计报表之间、会计报表各项目之间，凡有对应关系的数字，应当相互一致。本期会计报表与上期会计报表之间有关的数字应当相互衔接。如果不同会计年度会计报表中各项目的内容和核算方法有变更的，应当在年度会计报表中加以说明。

（3）各单位应当按照国家统一会计制度的规定认真编写会计报表附注及其说明，做到项目齐全，内容完整。

（4）各单位应当按照国家规定的期限对外报送财务报告。对外报送的财务报告，应当依次编写页码，加具封面、装订成册，加盖公章。封面上应当注明：单位名称，单位地址，财务报告所属年度、季度、月度，送出日期，并由单位领导人、总会计师、会计机构负责人、会计主管人员签名或者盖章。单位领导人对财务报告的合法性、真实性负法律责任。

（5）根据法律和国家有关规定应当对财务报告进行审计的，财务报告编制单位应当先行委托注册会计师进行审计，并将注册会计师出具的审计报告随同财务报告按照规定的期限报送有关部门。

（6）如果发现对外报送的财务报告有错误，应当及时办理更正手续。除更正本单位留存的财务报告外，还应同时通知接受财务报告的单位更正。错误较多的财务报告，应当重新编报。

第三节　合同控制设计

合同控制对于行政事业单位经济业务的合规性目标非常重要，将保证单位日常业务的政策开展，避免相关法律风险，提升业务管理水平和效率。

一、合同控制范围与目标

（一）合同控制和范围

行政事业单位的很多业务往来主要是通过合同形式进行的，合同控制是行政事业单位内部控制的重要组成部分，其内部控制的有效与否直接影响着行政事业单位经营效率和效果。完善合同控制，有利于维护行政事业单位的权益，防范与控制法律和相关业务风险，提高管理效率。

合同是组织与自然人、法人及其他单位等平等主体之间设立、变更、终止民事权利义务关系的协议。合同可分为一般民事合同、经济合同、劳动合同和行政合同。行政事业单位订立的合同主要是指与经济活动有关的合同。从范围上看，其主要包括采购合同、工程合同、租赁合同、借款合同、财产保险合同、人事合同以及其他合同，一般以书面合同为主。

合同控制是指单位对以自身为当事人的合同依法进行订立、履行、变更、解除、转让、终止以及审查、监督、控制等一系列行为的总称。合同订立、履行、变更、解除、转让、终止是合同控制的内容，合同的审查、监督、控制是单位合同控制的主要手段。合同控制，就是找出合同磋商、订立、履行、变更、解除、终止等各个环节的风险点并加以控制，以规避风险的发生，达到预期的目的。所谓构建合同风险防范体系，就是找出合同控制各个环节的风险点，制定与之对应的系统完整的措施，并按照制定的措施操作，以便降低合同风险，实现单位经营的合法化、利益的最大化。

我国合同法列出了以下15种合同：买卖合同，供用电、水、气、热力合同，赠予合同，借款合同，租赁合同，融资租赁合同，承揽合同，建设工程合同，运输合同，技术合同，保管合同，仓储合同，委托合同，行纪合同，居间合同。行政事业单位合同基本包括了以上全部合同类型，而且符合单位合同的一般特点。合同控制具有全程性。从合同的项目论证、对方当事资信调查、合同谈判、文本起草、修改、签约、履行或变更解除、纠纷处理的全过程，都应有法律顾问部门的主要人员参与，不仅要重视合同订立前的工作，更要重视合同订立之后的履行和后续管理，这样才能有效维护单位合法权益。

合同控制具有系统性。行政事业单位的很多经济活动都需要签订各种合同来进行规范。合同控制贯穿于单位日常经营始终，包括资金管理、采购管理、工程项目管理等业务，涉及单位的各个部门，需要各部门共同参与管理。但是合同本身的特征决定了合同控制不同于单位内部的生产、人事、财务等管理工作，已超越了单位自身的界限，成为一种受法律规范和调整的社会关系，涉及大量的法律专业问题，所以应采取单位设立相应的法律顾问部门统一归口管理和各业务部门、各单位分口管理的模式。

（二）合同控制的目标

合同控制的目标为确保合同内容、合同管理与合同执行的规范性。第一、确保合同内容的规范性，要求合同相关的法定要素齐全，文字表达准确，违约责任等关键条款明确，签章填写规范，涉及工程类合同应签订保修协议、明确质保金比例及保修期限等。第二，确保合同管理的规范性，建立合同管理台账，实行专人登记保管，避免因不及时归档造成合同遗失的问题，健全合同签订部门与财务部门的沟通机制，避免经济业务与会计核算脱节。第三，确保合同执行的规范性，强化合同执行力度，及时主张权利并承担义务，对于特殊事项应及时签订补充协议或修订合同文本。

合同控制业务流程主要关注以下几点风险：第一，合同管理职责是否过于分散，是否造成多部门共同管理的边际盲区，影响公共服务的质量。第二，合同签订是否与预算指标匹配;是否预留跨期业务合同的预算指标,影响资金使用的效率和效果。第三，单位是否将合同签订后续管理放在财务部门，是否忽视业务部门和法律部门的归口和审批，合同管理是否合法合规。

二、合同控制业务流程与主要风险点

（一）合同控制业务流程总体说明

合同管理是对合同立项、合同签订、合同履行和合同后续管理等一系列的管理工作。在行政事业单位中，合同业务流程一般涉及相关业务部门、财务部门和法律部门。相关业务部门负责合同起草、签订、履行过程中的风险管理；财务部门负责与资金支付审核相关的财务风险管理；法律部门负责与合同条款相关的风险管理。

因此，合同管理从业务、法律和财务三个方面进行。尽管行政事业单位内部控制要求从经济行为入手，重点从财务角度进行合同业务风险管理，但是单位对业务风险和法律风险要运用科学方法识别，意识到风险的存在性，在合同管理中增设提示性风险，加强单位对合同管理风险的重视，在合同立项评审、签订、履行和金额后续管理中分配好各部门职责，处理好部门之间的职能交叉或空缺。业务部门、财务部门和法律部门三个合同管理岗位职责划分和相互配合是合同业务流程设计的重点。

合同控制的基本业务流程包括合同策划、合同调查、初步确定准合同对象、合同谈判、拟定合同文本、合同审核、合同正式签署、合同履行、合同变更或转让、合同终止、合同纠纷处理、合同归档保管和合同执行情况评价等环节。这些环节从大的方面可以划分为合同订立阶段和合同履行阶段。其中，合同订立阶段包括合同策划、合同调查、合同谈判、合同文本拟定、合同审核、合同签署等环节；合同履行阶段包括合同履行、合同补充和变更、合同解除和终止、合同结算、合同纠纷处理等环节。此外，还有合同履行后续阶段，包括合同登记、合同归档管理等环节。

（二）合同订立主要风险点

合同控制薄弱、管理松弛会导致合同纠纷甚至经济犯罪案件，这些薄弱环节体现在合同控制的始终，也就是说，在合同控制的每一个流程中均可能存在风险。

在合同控制中较为主要和典型的风险有以下几类：未订立合同、未经授权对外订立合同、合同对方主体资格未达要求、合同内容存在重大疏漏和欺诈，可能导致单位合法权益受到侵害；合同未全面履行或监控不当，可能导致单位诉讼失败、经济利益受损；合同纠纷处理不当，可能损害单位利益、信誉和形象。

然而，合同控制的特点决定了其风险类型的多样化和复杂性，因此，分析合同控制风险应当从合同控制流程入手，按照合同控制基本业务流程来进行风险分析，可将合同风险分为合同订立阶段的风险、合同履行阶段的风险和合同履行后续管理阶段的风险。

1. 合同策划环节

合同策划是指合同订立前思考、设计与计划编制的阶段。合同策划阶段主要是为了通过合同保证项目总目标的实现，必须反映项目战略和单位战略，反映单位的经营指导方针和根本利益。在此阶段应当明确的主要问题有：合同的种类、形式、条件；合同的重要条款、合同的委托方式；合同签订和实施时重大问题的决策；各个合同的内容、单位、技术、时间上的协调。

合同策划环节的风险是指在合同策划阶段存在的不能满足单位战略目标和业务目标的风险。这种风险主要体现在三个方面：

（1）合同策划的目标与单位战略目标或者业务目标不一致。

（2）各合同在内容、单位、技术、时间上没有协调好。

（3）故意规避合同控制的相关规定，如将需要招标管理或需要较高级别领导审批的重大合同拆分成标的金额较小的若干不重要的合同。

2. 合同调查环节

合同调查是指在与对方订立合同之前对对方进行调查的阶段，充分了解合同对方在法律上有没有订立合同的主体资格、信用状况等有关情况，确保对方当事人具备履约能力。如果合同对方是外商，还要根据对方所属国法律或住所地法律审查其是否有订立合同的能力和履行合同的能力，如公司名称、类别、生产经营范围，法定代表人的姓名、职务和国籍，法人资格、营业执照、注册国家和注册资本、资产负债、开户银行和商业信誉以及签约代表人授权书等。

合同调查环节的风险是指在合同调查过程中对被调查对象的主体资格、资信状况和履约能力做出不当评价的风险。这种风险主要表现在：

（1）忽视被调查对象的主体资格审查，对方当事人不具有相应民事权利能力和民事行为能力或不具备特定资质，或与无权代理人、无处分权代理人签订合同，导致合同无效或引发潜在风险。

（2）对被调查对象的履约能力和商业信誉给予过高评价，将不具备履约能力的对象确定为准合同对象。

（3）在合同签订时正确判断了被调查对象的信用状况，但在合同履行过程中没有持续关注对方的资信变化，致使单位蒙受损失；对被调查对象的履约能力给出不当评价，将具有履约能力的对象排除在准合同对象之外。

3. 合同谈判环节

合同谈判是指初步确定拟签约对象后，当事人之间就合同条款的不同意见经过反复协商、讨价还价，最后达成一致意见的洽谈协商的阶段。单位内部的合同承办部门应当在授权范围内与对方进行合同谈判，按照自愿、公平原则、磋商合同内容和条款，明确双方的权利义务和违约责任。谈判阶段可能涉及的主要内容有：合同内容和范围的确认；技术要求、技术规范和技术方案；价格调整条款；合同款支付方式；工期和维修期；争端的解决等问题。

合同谈判环节的风险是指在合同谈判过程中忽略了合同标的、产品和服务的数量、质量或技术标准、价款或酬金的确定方式与支付方式、履约期限和地点及方式、违约责任的主要类型及其承担方式、争议的解决方法和地点等重大问题或在重大问题上做出不恰当让步的风险以及本单位谈判策略泄密的风险。这种风险具体主要表现为：

（1）谈判经验不足而导致单位利益受损。

（2）缺乏技术、法律和财务知识的支撑而导致单位利益受损。

（3）对涉及合同内容和条款的核心部分乃至关键细节的忽略或不当让步而导致的单位利益受损。

（4）对可能存在的不符合国家产业政策和法律法规要求事项的忽略。

（5）泄露本单位谈判策略，导致单位在谈判中处于不利地位。

4. 合同文本拟定环节

拟定合同文本是指单位在合同谈判后，根据协商谈判结果将双方协商一致的意见用文字表述出来的阶段。这一阶段是订立合同过程中的关键环节，单位必须予以高度重视。在拟定合同文本阶段主要包括的内容有：合同文本的格式、条款内容、语言表述等。

合同文本拟定环节的风险是指合同内容和条款不当的风险。这种风险主要表现为：

（1）合同内容和条款可能存在不合理、不严密、不完整、不明确或文字表述不严谨可能导致重大误解。

（2）合同内容违反国家法律法规或国家行业产业政策等。

（3）选择了不恰当的合同形式。

（4）合同与单位总体战略目标或特定业务经营目标发生冲突。

（5）合同内容存在重大疏漏和欺诈，导致单位合法利益受损。

（6）有意拆分合同、规避合同控制规定等。

（7）对于合同文本须报经国家有关主管部门审查或备案的，未履行相应程序。

5. 合同审核环节

合同审核是指合同文本拟定完成后，单位对合同进行严格审查的阶段。在这一阶段主要是审查合同主体是否合法、合同内容是否合法、合同意思表示是否真实、合同条款是否完备、合同的文字是否规范、合同订立的手续和形式是否完备等。

合同审核环节的风险是指在合同审核过程中没有发现或纠正合同的不当内容与条款，或签订的手续和形式不完备的风险。这种风险主要表现为以下三种：

（1）合同审核人员因专业素质或工作态度的原因未能发现合同文本中的不当内容和条款。

（2）合同审核人员虽然在审核中发现了问题但未提出恰当的修订意见。

（3）合同起草人员没有充分考虑合同审核人员提出的改进意见或建议，导致合同中的不当内容和条款未被纠正等。

6. 合同签署环节

合同签署是指单位经过审核同意签订合同，与对方当事人正式签署并加盖单位合同专用章、履行合同生效手续的阶段。在合同文书拟定后，双方当事人已完全认可的时候，就要办理合同订立的最后一道手续，即双方当事人签字或者盖章。这一阶段主要包括由双方当事人的法定代表人或经办人在合同上签字，然后加盖单位公章或者合同专用章，合同订立的程序才算完成。有的合同，根据国家规定需经有关部门审查批准的，则必须在有关部门审批后才能正式生效。

合同签署环节的风险是指在合同正式签署阶段存在不当行为的风险，该环节的主要风险表现为：

（1）合同签订人未经授权或者超越权限签订合同。

（2）合同印章管理不当，为不符合管理程序的合同加盖了合同印章。

（3）签署后的合同被篡改。

（4）因手续不全（例如未经批准或登记、未经公证）而导致合同无效。

（5）合同签署后被送到了不相关的部门。

（6）收到合同的相关部门没有采取妥善措施处理合同。

（7）因保管不当导致合同泄密。

（8）合同双方当事人未全部在合同上签字或盖章等。

（三）合同履行主要风险点

1. 合同履行环节

合同履行指的是单位对合同规定义务的执行阶段。履行合同，就其本质而言 . 是指合同的全部履行。从狭义的角度讲，合同履行指的是具体合同义务的执行；从广义的角度讲，合同履行还应包括履行后的后续管理工作。合同履行的内容包括履行主体、履行标的、履行期限、履行地点、履行方式、履行费用等。

合同履行过程中的风险是指在合同履行过程中存在的违约风险，该环节的风险主要体现在：

（1）没有遵守诚信原则、未严格恰当地履行合同中约定的义务。

（2）在合同履行过程中，未能及时发现已经或可能导致单位利益受损的情况，或未能采取有效措施。

2. 合同结算环节

合同结算是指单位合同的结算阶段。合同结算是合同履行的主要环节和内容，法律顾问部门同财会部门密切配合，把好合同的结算关至关重要，这既是对合同签订的审查，也是对合同履行的监督，具体可采取或制定贷款支付复核程序，实施有效的管理。

合同结算是合同执行的重要环节，既是对合同签订的审查，也是对合同执行的监督，一般由财会部门负责办理。该环节的主要风险是：违反合同条款，未按合同规定期限、金额或方式付款；疏于管理，未能及时催收到期合同款项；在没有合同依据的情况下盲目付款等。

3. 合同补充、变更、转让和终止环节

合同补充是指在合同生效后，经当事各方协商后，对原合同条款进行补充。合同变更是指在合同生效后，经当事各方协商后，对原合同条款进行变更。合同变更一般分为合同内容的变更和合同主体的变更。合同变更的目的是通过对原合同进行修改保障合同更好地履行和一定目的的实现。合同转让是指合同权利、义务的转让、亦即当事人一方将合同的权利或义务全部或部分转让给第三人。

合同补充、变更或转让环节的风险是指在合同履行过程中发生变更或转让时存在的风险。合同终止环节的风险是指在办理合同终止手续过程中存在不当行为的风险。这种风险主要表现为：

（1）合同生效后，对合同条款未明确约定的事项没有及时协议补充，导致合同无法正常履行。

（2）应当变更合同内容或条款但未采取相应的变更行为。

（3）合同变更未经相应的管理程序，导致合同变更行为不当或无效。

（4）合同转让行为未经原合同当事人和合同受让人达成一致意见，使合同转让行为无效。

（5）合同转让未经相应的管理程序，导致合同转让行为不当或无效；未达到终止条件的合同终止；合同终止未办理相关的手续等。

4. 合同纠纷处理环节

合同纠纷是指因合同的生效、解释、履行、变更、终止等行为而引起的合同当事人的所有争议。合同纠纷的内容主要表现在争议主体对于导致合同法律关系产生、变更与消灭的法律事实以及法律关系的内容有不同的观点与看法。合同纠纷的范围涵盖了一项合同从成立到终止的整个过程。

合同纠纷处理环节的风险是指在合同履行过程中发生纠纷而处理不当，导致单位遭受外部处罚、诉讼失败，损害单位利益的风险。这种风险主要包括：

（1）未及时向相关领导报告合同纠纷和拟采取的对策。

（2）未及时采取有效措施防止纠纷的扩大和发展。

（3）未与对方有效协商合同纠纷解决办法，或合同纠纷解决办法未得到授权批准。

（4）未收集充分的对方违约行为的证据，导致本单位在纠纷处置过程中处于举证不力的地位。

（5）未按照合同约定追究对方的违约责任等。

（四）合同后续管理主要风险点

合同履行后续管理阶段主要指的是合同的登记和归档保管。合同登记、归档保管环节的风险是指在合同归档保管过程中存在的风险。这种风险主要包括合同丢失或泄密、合同被滥用等。

合同登记需要关注合同归口管理部门是否建立严格的合同登记管理制度，有无定期对合同进行统计、分类和归档，合同的订立、履行和变更情况是否登记详细、与单位经济活动相关的合同是否及时交存财会部门。

合同存档保管需要关注是否有相应制度规定合同控制人员的职责，合同借阅的审批程序是否明确，是否建立合同控制的责任追究制度，是否对合同保管情况实施定期和不定期的检查等。

三、合同控制主要控制措施

单位应当建立健全合同内部管理制度。单位应当合理设置岗位，明确合同的授权审批和签署权限，妥善保管和使用合同专用章，严禁未经授权擅自以单位名义对外签订合同，严禁违规签订担保、投资和借贷合同。单位应当对合同实施归口管理，建立财会部门与合同管理部门的沟通协调机制，实现合同管理与预算管理、收支管理相结合，严格按照预算批复和支出控制方法来进行合同控制。合同控制具有很强的业务性、法律性和财务性，需要实现单位业务部门、法律部门和财务部门的联动机制，相互配合和监督。

（一）合同订立主要控制措施

单位应当加强合同订立管理，明确合同订立的范围和条件。对于影响重大、涉及专业技术较强或法律关系复杂的合同，应当组织法律、技术、财会等工作人员参与谈判，必要时可聘请外部专家参与相关工作。谈判过程中的重要事项和参与谈判人员的主要意见，应当予以记录并妥善保管。

1. 合同策划环节

合同策划是合同控制的起始点。单位应设立合同管理的牵头单位或者负责人，全权负责合同管理的全流程工作，建立一套合同管理归口和审批机制，在单位领导审批之前须由合同负责人审核。针对这一环节存在的主要风险应采取如下关键控制措施：

（1）首要任务就是审核合同策划目标是否与单位经营目标和战略规划相一致。

（2）为了防止超计划投资、超成本支出，年初要制订投资计划和成本计划，每半年进行一次调整，杜绝计划外支出的现象发生。

（3）应当在合同控制制度中明确规定不得将需要招标管理的重大合同拆分为不重大的合同，并建立相应的责任追究制度。

2. 合同调查环节

合同调查环节的关键控制措施主要是在签约前确认签约对方主体是否合格、是否具有履约能力。这就要求业务部门要详细审查对方的资信情况，资信审查包括四个方面：一是审查对方的营业执照是否有效、拟签订的合同内容是否在对方的经营范围之内、对方是否具有履约能力；二是审查对方的税务登记证，了解对方的信誉；三是审查开户许可证，了解对方的经营状况；四是审查授权委托书是否有效，防止签订无效合同。要控制这类风险，主要是提高合同调查人员的专业素质和责任心，在充分收集相关证据的基础上做出恰当的判断，为合同对象建立商业信用档案，定期对客户进行授信评价等。其具体的关键控制措施包括：

（1）审查被调查对象的身份证件、法人登记证书、资质证明、授权委托书等证明原件，必要时，可通过发证机关查询证书的真实性和合法性，在充分收集相关证据的基础上评价主体资格是否恰当。

（2）获取调查对象经审计的财务报告、以往交易记录等财务和非财务信息，分析其获利能力、偿债能力和营运能力、评估其财务风险和信用状况、并在合同履行过程中持续关注其资信变化，建立和及时更新合同对方的商业信用档案。

（3）对被调查对象进行现场调查，实地了解和全面评估其生产能力、技术水平、产品类别和质量等生产经营情况，分析其合同履约能力。

（4）与被调查对象的主要供应商、客户、开户银行、主管税务机关和工商管理部门等沟通，了解其生产经营、商业信誉、履约能力等情况。

3. 合同谈判环节

单位应当根据市场实际情况选择适宜的洽谈方式，一般情况下，合同谈判应实行集体会审制，超过一定数额的物资采购项目和投资项目要在审计检察部门的监督下，严格按照招标程序进行公开招标。为确保签订“阳光合同”，要充分发挥合同主管部门、质量保证体系、价格管理体系的作用，确保谈判质量、为合同签约打下良好的基础。

控制此环节风险的具体方法包括如下几点：

（1）组建素质结构合理的谈判团队，谈判团队中除了有经验丰富的业务人员外，还应当有谈判经验丰富的技术、财会、审计、法律等方面的人员；在谈判过程中，谈判团队及时总结谈判过程中的得失，研究确定下一步谈判的策略等，充分发挥团队的智慧。

（2）收集谈判对手的资料，充分熟悉谈判对手的情况、做到知己知彼；研究国家相关法律法规、行业监管、产业政策、同类产品或服务价格等与谈判内容相关的信息，正确制定本单位谈判策略。

（3）关注合同核心内容、条款和关键细节。其具体包括合同标的的数量、质量或技术标准、合同价格的确定方式与支付方式，履约期限和方式，违约责任和争议的解决方法，合同变更或解除条件等。

（4）影响重大、涉及较高专业技术或法律关系复杂的合同还应当聘请外部专家参与合同的相关工作，并充分了解外部专家的专业资质、胜任能力和职业道德等情况。

（5）在整个谈判过程中加强保密工作，建立严格的责任追究制度。

（6）对谈判过程中的重要事项和参与谈判人员的主要意见、予以记录并妥善保存，作为避免合同舞弊的重要手段和责任追究的依据。

4. 合同文本应当准确表达双方谈判的真实意思，控制这类风险的主要方法是严格执行合同审核制度，具体措施包括：

（1）单位对外发生经济行为，除即时结清方式外，应当订立书面合同。发现违反规定以口头合同进行交易的，应及时签订书面合同；如发生争议要及时诉诸法律处理。需要先开工建设或采购的项目，应在取得计划部门确认或下达临时计划后，事先签订合同或框架协议。

（2）严格审核合同需求与国家法律法规、产业政策、单位整体战略目标的关系，保证其协调一致；考察合同是否以生产经营计划、项目立项书等为依据，确保完成具体业务经营目标。

（3）合同文本一般由业务承办部门起草，由法律相关部门审核；重大合同或法律关系复杂的特殊合同应当由法律相关部门参与起草；国家或行业有合同示范文本的，可以优先选用，但对涉及权利义务关系的条款应当进行认真审查，并根据实际情况进行适当修改。各部门应当各司其职，保证合同内容和条款的完整准确。

（4）有标准文本的必须使用标准文本，没有标准文本的要做到：条款不漏项；标的额计算准确、标的物表达清楚；质量有标准、检验有方法；提（交）货地点、运输方式、包装物和结算方式明确；文字表达要严谨，不使用模棱两可或含糊不清的词语；违约责任及违约金（或赔偿金）的计算方法准确；合同起草后要认真地进行检查。

（5）由签约对方起草的合同，单位应当认真审查，确保合同内容准确反映单位诉求和谈判达成的一致意见，特别留意“其他约定事项”等需要补充填写的栏目，如不存在其他约定事项时注明“此处空白”或“无其他约定”，防止合同后续被篡改。

（6）通过统一归口管理和授权审批制度，严格合同控制，防止通过化整为零等方式故意规避招标的做法和越权行为。

（7）合同文本须报经国家有关主管部门审查或备案的，应当履行相应程序。

5. 合同审核环节

合同审核环节应按照“统一管理、分级负责、分专业审查，按计划签订，依合同结算”的原则，制定严格的合同审查流程，提高合同审核人员的专业素质；明确划分合同起草人员和审核人员的职责，制定合同审核操作指南；建立合同审核工作底稿；实施合同控制责任追究制度等。其具体措施包括：

（1）审核人员应当对合同文本的合法性、经济性、可行性和严密性进行重点审核，关注合同的主体、内容和形式是否合法，合同内容是否符合单位的经济利益，对方当事人是否具有履约能力，合同权利和义务、违约责任和争议解决条款是否明确等。

（2）建立会审制度，对影响重大或法律关系复杂的合同文本、由单位财会部门、内部审计部门、法律相关部门、业务关联的相关部门进行审核，各相关部门应当认真履行职责。法律部门主要审查违约责任、争议管辖权等实质性条款是否合法、完整、明确、具体，文字表述是否无歧义；技术部门对质量条款、技术要求等内容进行技术审查；财会部门对支付条款等内容进行经济审查。

（3）认真分析研究，慎重对待审核意见，对审核意见准确无误地加以记录，必要时对合同条款做出修改并再次提交审核。

（4）每位审查人对做出的审查结果负责，合同控制部门对合同审查的结果负全面责任。

6. 合同签署环节

控制此类风险的主要方法是：实施合同签收制度，并及时退回与本部门不相关的合同；指定专人负责合同的日常保管，并为合同保管提供相应的条件；建立合同控制的责任追究制度等。其具体措施包括：

（1）严格划分各类合同的签署权限，严禁超越权限签署合同。按照规定的权限和程序与对方当事人签署合同。对外正式订立的合同应当由单位法定代表人或由其授权的代理人签名或加盖有关印章；授权签署合同的，应当签署授权委托书。

（2）严格执行合同专用章保管制度，合同经编号、审批及单位法定代表人或由其授权的代理人签署后，方可加盖合同专用章，确保只为符合管理程序的合同文本加盖合同印章。第一，合同专用章必须由专人保管，保管人应当记录合同专用章使用情况以备查；第二，需要携章外出时要有两人以上，且要有领导的签字，要留有记录；第三，合同章的保管要有严密的防范措施，严禁丢失或被盗，否则要对当事人进行经济或者行政处罚。用印章后保管人应当立即收回，并按要求妥善保管，以防止他人滥用。如果发生合同专用章遗失或被盗情况，应当立即报告公司负责人并采取妥善措施，如向公安机关报案、登报声明作废等，以最大限度地消除可能带来的负面影响。

（3）采取恰当措施，防止已签署的合同被篡改，如采取在合同各页码之间加盖骑缝章、使用防伪印记、使用纸质合同书、使用不可编辑的电子文档格式等方法对合同内容加以控制，防止对方单方面改动合同文书。

（4）合同必须由双方当事人当面签订。

（5）按照国家有关法律、行政法规规定，需办理批准、登记等手续之后方可生效的合同、单位应当及时按规定办理相关手续。

（二）合同履行主要控制措施

单位应当对合同履行情况实施有效监控。在合同履行过程中，因对方或单位自身原因导致可能无法按时履行的，应当及时采取应对措施。单位应当建立合同履行监督审查制度。对合同履行中签订补充合同，或变更、解除合同等应当按照国家有关规定进行审查。

1. 合同履行环节

合同履行在合同控制过程中往往被忽视，但其却是整个合同运行的关键环节。此环节的关键控制措施应当包含合同控制的多个环节，例如，签约前认真调查对方的履约能力和商业信誉等情况，尽量只与具有良好履约能力和商业信誉的单位签订合同；在合同中明确规定违约责任；要求对方为履行合同提供相应的担保措施；对合同履行过程进行监督，一旦发现对方有违约的可能或违约行为，则采取相应措施将合同损失降到最低等。其具体措施包括：

（1）强化对合同履行情况及效果的检查、分析和验收，全面适当执行本单位义务，督促对方积极执行合同，确保合同全面有效履行。

（2）对合同对方的合同履行情况实施有效监控，一旦发现有违约可能或违约行为，应当及时提示风险，并立即采取相应措施将合同损失降到最低。

（3）履行异常的要根据需要及时补充、变更甚至解除合同。第一，对于合同没有约定或约定不明确的内容，通过双方协商一致对原有合同进行补充；无法达成补充协议的，按照国家相关法律法规、合同有关条款或者交易习惯确定。第二，对于显失公平、条款有误或存在欺诈行为的合同，以及因政策调整、市场变化等客观因素已经或可能导致单位利益受损的合同，按规定程序及时报告，并经双方协商一致，按照规定权限和程序办理合同变更或解除事宜。第三，对方当事人提出中止、转让、解除合同，造成单位经济损失的，应向对方当事人书面提出索赔。

（4）在合同履行管理过程中要落实合同履行责任人，需要追究责任的要有处理意见；合同履行完毕后，必须写出履行报告。

2. 合同补充、变更、转让和终止环节

对待这一类风险，主要的管控措施应当包括：明确规定合同变更或转让需向相关负责人报告；合同变更或转让的内容和条款必须与当事人协商一致；变更或转让后的合同视同新合同，需履行相应的合同控制程序等；明确规定合同终止的条件以及应当办理的相关手续；指定专人对合同终止手续进行复核等。其具体措施包括：

（1）发现合同条款不明确的，及时就有关问题与对方协商并签订补充变更协议，完善条款内容。

（2）发现单位人员未经授权签约的，如履行合同可能给单位造成损失的、与对方协商，修改合同内容或解除合同。

（3）发现未办理解除合同的批准、登记手续的，要求合同承办人员在规定时间内去主管机关办理。

3. 合同纠纷处理环节

控制此类风险的主要方法是明确规定合同纠纷的处置办法；明确各类人员在合同纠纷处置中的责任；合同纠纷处置方案应当经领导班子的审核批准等。其具体措施包括：

单位应当加强合同纠纷管理。合同发生纠纷的，应当在规定时效内与对方协商谈判。合同纠纷协商一致的，双方应当签订书面协议；合同纠纷经协商无法解决的，经办人员应向单位有关负责人报告，并根据合同约定选择仲裁或诉讼方式解决。

4. 合同结算环节

合同付款是合同的最关键环节，也是合同风险最直接的表现。财会部门应当根据合同履行情况办理价款结算和进行账务处理。未按合同条款履约的，财会部门应当在付款之前向单位有关负责人报告。按照合同规定履约是业务部门的职责，财会部门要根据条款的规定进行审查，建立业务部门的合同负责制，财务人员要严把结算付款关。这一环节的关键控制措施有：

（1）财会部门应当在审核合同条款后办理结算业务，按照合同规定付款，及时催收到期欠款。指定专人负责合同履行，建立合同履行信息管理台账，掌握合同履行进展状态，在临近付款期限的合理时间进行提示；合同承办人员收集发票、交货凭证等资料并在规定时间内提交资金结算人员按时办理结算。

（2）未按合同条款履约或应签订书面合同而未签订的，财会部门有权拒绝付款，并及时向单位有关负责人报告。

（3）付款必须由承办部门负责人、项目负责人、业务主管领导、总会计师和总经理在申请付款审批单上签字，同时要加盖合同审核专用章。否则，坚决不予付款，防止欺诈行为发生。

（4）财务结算系统与合同控制信息系统应实现数据对接。

（三）合同后续管理主要控制措施

1. 合同登记环节

合同归口管理部门应当加强合同登记管理，定期对合同进行统计、分类和归档，详细登记合同的订立、履行和变更情况，实行合同的全过程封闭管理。与单位经济活动相关的合同应当同时交存财会部门。此环节的关键控制措施包括：

（1）合同控制部门应当加强合同登记管理，充分利用信息化手段，定期对合同进行统计、分类和归档，详细登记合同的订立、履行、变更和终结等情况、合同终结应及时办理销号和归档手续，以实行合同的全过程封闭管理。

（2）建立合同文本统一分类和连续编号制度、以防止或及早发现合同文本的遗失。

（3）单位应当加强合同信息安全保密工作，未经批准，不得以任何形式泄露合同订立与履行过程中涉及的国家机密、工作秘密或商业秘密。

（4）规范合同控制人员职责，明确合同流转、借阅和归还的职责权限和审批程序等有关要求。

2. 合同归档保管环节

控制此类风险的主要方法是明确规定合同控制人员的职责；规定合同借阅的审批程序；实施合同控制的责任追究制度；对合同保管情况实施定期和不定期的检查等。

第六章　事业单位内部控制信息化建设

第一节　事业单位内部控制信息化概述

随着现代科学技术的发展，管理信息化已经成为不可逆转的潮流，加强政务信息化建设也是当前我国行政事业单位提升管理水平的重要保障，内部控制建设和实施也不例外。一方面，通过信息化手段推进单位内部控制建设，将内部控制的基本要求固化到信息系统之中，可以促使《内控规范》的落地实施；另一方面，通过信息系统实时反映单位内部控制的运行过程，实现对单位经济活动的自动、实时控制，降低人为因素的影响，促使单位内部控制的有效运行。行政事业单位应加强内部控制信息化建设，建立内部控制管理信息系统，实现单位内部控制的真正落地和有效运行。

一、单位内部控制信息化是《内控规范》的基本要求

行政事业单位内部控制信息化是将单位经济活动涉及的控制制度、控制程序、控制措施等要素通过信息化的手段固化在信息系统中，实现单位业务管理、财务管理和内部控制的有机结合。根据《内控规范》第三章第十八条规定："单位应当充分运用现代科学技术手段加强内部控制，将经济活动及其内部控制流程嵌入单位信息系统中，减少或消除人为操纵因素。"因此，行政事业单位应在内部控制建设和实施中，加强信息化手段的运用，确保单位内部控制建设和实施的效率和效果。

二、单位内部控制信息化是内部控制有效落地的保证

行政事业单位内部控制管理信息系统建设，是单位内部控制建设和实施的重要支撑，旨在保障单位内部控制的真正落地和有效运行。借助信息化手段对单位经济活动涉及的管理制度、业务流程以及控制措施进行梳理，并将内部控制建设的最终成果用信息系统来展示，使单位全体人员能够在系统平台上及时知晓内部控制的要求，不会像纸质版文件很可能最后被束之高阁、无人问津。实践中，既可以将控制措施嵌入具体的业务系统之中，实现对经济活动的信息化管控；也可以通过将经济活动过程嵌入

内部控制管理系统中，在内部控制管理系统中处理经济活动业务，促使内部控制的信息化运行。

传统的内部控制建设仅是将单位经济活动控制机制显性化的过程，单位控制措施能否真正得到实施只能通过定期的内控评价来验证，无法对单位经济活动进行实时控制，也无法实时掌握单位内部控制运行的状态。行政事业单位内部控制信息化建设，不仅可以实现单位内部控制的梳理优化，而且能够促使单位内部控制有效运行，实现内部控制建设成果的落地实施，真正为单位经济活动管理创造价值。

三、单位内部控制信息化是提升单位管理水平的要求

行政事业单位通过将内部控制嵌入已有信息系统之中或通过内部控制管理信息系统，可以实现内部控制的程序化和常态化，也可以改变单位各项经济活动分块管理、信息分割、信息“孤岛”的局面，还可以使单位领导的管理方式由传统的日常管理向例外管理转变，集中精力处理重大问题，进一步提高管理效率。同时，利用单位内部控制管理信息系统还可以实现信息的自动生成，能够形成满足日常管理需要的相关信息，各级领导干部在各自权限范围内，通过可视化界面，得到有关预算执行、文件流转和工作进度的及时信息，有利于全程控制和实时决策。实践证明，信息化可以促使单位的管控效能迈上一个新的台阶。行政事业单位通过建设内部控制管理信息系统，建立对单位经济活动业务的信息化管控，有助于实现单位内部控制的真正落地和有效运行，提高单位的经济活动管理水平，提升单位公共服务的效率和效果。

第二节　事业单位内部控制信息化建设规划

一、单位内部控制信息化基础准备

行政事业单位在开展内部控制信息化建设前，首先应做好前期的基础准备工作，进行充分的调研，研究制定符合单位自身特色的内部控制信息化解决方案。具体来说，单位内部控制信息化应做好两方面的准备工作：一是梳理单位现有的经济活动管理制度和控制流程，明确经济活动风险控制点，制定单位内部控制标准，以使单位经济活动内部控制过程显性化；二是应深入研究内控规范，并开展相关调研，可通过咨询内控管理专业人士，充分理解并研究内控规范的理论，做好内控实施的人才储备，也可通过咨询内控信息化解决方案供应商以及已开展内控信息化建设的同类单位，以制定合理的内部控制信息化解决方案。

在内部控制信息化实施前，单位要弄清楚信息化技术能够实现对本单位哪些内控风险点的控制，不能实现的则需要通过其他非信息化手段加以实现。因此，梳理内部经济活动风险控制点，确定可实现信息化的内控节点十分必要，有助于确定信息化经济活动控制流程，促进内部控制信息化的高效、顺利构建。

单位内控体系建立的过程也是原有内部管理体系优化的过程。由于新的内部控制体系运行需要一个适应期，必须在单位内部控制体系建立的同时，建立规范化的经济活动管理制度，与经济活动控制流程优化相结合。因此，单位在实施内部控制信息化时，应确保内部控制信息化实施与制度建设同时开展。通过梳理现有规章制度，对照研究内控规范，制定新的内控标准，建立新的经济活动管理制度，规范单位经济活动控制流程，使内部控制实施有章可循、避免盲目。

二、单位内部控制信息化实施要点

（1）内控实施，观念先行。单位内部控制体系建设是新兴事物，需要在不断探索中逐步推进、协调、再推进。而且，单位内部控制虽是对经济活动进行的控制，但并不是局部控制，并不只是财务部门的事，也不只是业务部门的事，内部控制建设及其信息化均为“一把手”工程。因此，单位负责人必须对内部控制建设及信息化负责，才能保证项目的顺利推进，提高项目的执行效果，促进单位内部控制体系的最终建成。

（2）遵循线上线下整合控制的原则。单位内部控制信息化建设是将线下手工控制和线上自动控制相结合，既不可追求一步到位，搞突击，也不能完全依赖于信息系统。应明白，内部控制仅能够帮助单位更好地防范和控制风险，尽可能地把风险降低到可控范围，而非杜绝风险。

（3）选择最适合的方案。单位应在充分调研、综合线上线下整合控制的基础上，合理取舍现有系统，选择最佳方案。需要注意的是，方案的选择是相对的，而非绝对的，必须根据单位实际情况和业务需要选择，适合单位自身的方案才是最好的方案。必要时也可将两种方案结合起来：一部分采用优化现有系统，满足内部控制需要；一部分采用建立内部控制管理信息系统。单位可以采用总体规划、分期分步实施的方式，降低实施的难度和风险。

三、单位内部控制信息化方案选择

1. 优化单位现有信息系统，满足内部控制需要

行政事业单位在政务信息化建设特别是内部管理信息化，如 OA、预算编报、财务会计核算、政府采购、资产管理等系统建设方面已经较为完善。在此情况下，若现有软件供应商的内控实施经验丰富或者单位具备足够的二次开发能力，则可根据单位

梳理完成的内部控制机制，对现有信息系统进行升级和优化。在现有系统基础上开发和扩展内控功能，将内部控制机制嵌入现有系统中，优化系统的内控特性，使其满足单位内控的需要。

该方案的优点是：

1）单位现有信息系统已形成使用习惯，便于上手；

2）与现有软件供应商有合作基础，沟通协调可能更顺畅。

该方案的缺点是：

1）单位信息系统种类较多且数据庞大，系统复杂，二次开发的难度大；

2）变更调整现有信息系统功能，对信息系统冲击大、风险大；

3）内部控制属于专业领域，现有软件供应商对内控业务有充分理解并将其落实到现有系统中难度非常大；

4）系统从实施到使用的周期漫长、资源投入巨大。

该方案适合于自身软件二次开发力量、内部控制业务能力及单位资源投入三者都较强的行政事业单位。

2. 借助专业的内控业务咨询和软件供应商，建设内部控制管理信息系统

借助专业供应商，建设内部控制管理信息系统，是适合大部分行政事业单位的一种可行方法。单位可以结合自身经济活动实际，定制开发专门的内部控制管理信息系统，通过该系统具体运行单位经济活动过程，体现单位经济活动的内部控制要求。对于正在实施信息化但并不是很成功的单位，则可借助内部控制体系建设的契机，选择一个或几个专业供应商参与实施，在完善内部控制信息化的同时，完成对单位整体信息化的完善。

该方案的优点是：

1）单位内部控制建设的成功率较高、项目风险较低、投入资源较少、费用较低；

2）借助专业供应商的业务能力和软件产品，可以快速满足单位经济活动内部控制的规范运行和需求的信息化落地；

3）借助专业供应商的软件产品实现内部控制评价、审计和监察等职能的实时监控、风险预警、问题追踪和分析。

该方案的重点是：基于对单位经济活动内部控制的梳理，发现一些业务活动和风险控制分布在现有系统中，结合单位实际情况，可以通过三种方式整合业务和信息。

第一种是手工衔接。单位不用投入资源和费用，通过人工对现有系统与内控管理信息系统分别操作，如内控管理信息系统（从预算编审、批复下达、经费收支、采购管理、合同管理、建设项目管理到资产管理的经济活动全过程事权和财权的管控）与单位现有会计核算系统（会计核算、记账等）的人工衔接。

第二种是分布过渡。单位投入一定的资源和费用，将现有系统与内控管理信息系

统对接，实现两者从业务到信息的集成。

第三种是一步到位。将现有系统 / 功能整合到内控管理信息系统中，形成统一的管控平台。

该方案适合于大部分行政事业单位。但是，采用第二、第三种方式存在一定的风险，比如现有系统供应商是否支持、沟通和配合的问题、单位对供应商之间商务关系的考虑等。

第三节　事业单位内部控制管理信息系统的主要功能

一、内部控制管理系统功能框架

行政事业单位内部控制管理信息系统主要包括预算管理、收入管理、支出管理、采购管理、合同管理、资产管理、项目管理七大业务功能模块，以及决策分析、配置管理和安全管理三大系统功能模块。

需要注意的是，内部控制管理信息系统各功能模块并非相互独立，而是相互关联的业务关系。

各功能模块关系说明如下。

经济活动的起点源于预算管理。无预算不支出，无预算不采购，无预算无项目，即在系统中若没有预算一切经济活动行为将不能进行。

1）采购和项目建设都会产生对应的合同，虽然形式可能不同，但都会统一归入到对应的合同中，再通过合同的形式产生支付，从而使业务实现有效的衔接和控制。

2）收支管理主要是控制资金的支出和收入，经费支出事项控制既依赖于预算控制，同时也依赖于支出业务流程规范。

3）采购的固定资产和项目建设交付的项目都会转入资产管理功能模块。

4）各大业务功能产生的数据信息，除了各业务功能模块提供的必要查询外，所有的业务分析、综合分析及自定义分析在决策分析功能模块中实现。

5）系统配置管理为各大业务功能模块内容提供必要的组织基础信息、管控事项、审批流程等配置内容。

6）通过系统功能权限和数据权限的灵活配置，可满足多层级、多种类别的行政事业单位各角色的权限管理。

二、门户首页管理

内部控制管理信息系统需要实现不同层级、不同角色对系统门户视图的灵活配置，满足单位系统用户的使用习惯、驱动业务的待办事项、关注焦点的展示等。

三、预算管理模块

单位内部控制管理系统预算管理功能主要内容包括以下几个部分。

一是预算编制。采用自下而上的模式，二级预算单位和二级预算单位的各部门对编制的基本支出预算和项目支出预算层层上报，再由一级预算单位统一汇总统计后上报给财政部门，实现预算建议数的上报，也是“二上二下”中的“一上”；对于另外的“一下”预算控制数和“二上”预算草案，在系统中可以采用文件和标准模板两种方式进行处理。

二是预算的下达和分解（“二下”）。该部分内容是预算管理最重要的内容。当财政预算批复后，在系统中记录财政预算批复的数据，再层层分解下达到二级单位，直至最基层的各业务部门。有了这些预算指标，各基层业务部门即可开展对应的工作。对于在预算执行过程中存在需要调整的情况，则提供对应的预算调整功能，包括财政预算批复和内部预算批复的调整。

三是支出范围设置。该部分功能是设定预算指标可以支出的范围。有些预算指标在下达时就已经设置了对应的支出范围，但二级预算单位可以根据自己的实际情况，在限定范围的基础上再进行调整；有些预算是专项专用；有些比较大的预算事项虽然清楚了支出的范围，但必要时要限定某些支出的额度，也可通过该功能实现。

四是预算发布。在一级预算单位给二级预算单位、二级预算单位给单位内部各部门给定预算指标后，考虑到预算支出进度和预算可以有效控制的情况，系统提供对预算指标一次性发布，同时也提供对预算指标多次发布的功能。

五是预算执行跟进。预算指标通过不同支出途径支出后，需要清楚给定的预算指标支出的情况、剩余的预算额度、占用的预算指标、从上至下给定的预算资金的关联支出情况等。

六是与其他功能模块协作。预算指标下达后通过支出模块和采购、项目模块进行实际的预算执行，在后续各模块的功能说明中会进行介绍。

四、收支管理模块

收支管理功能主要内容包括以下几个部分。

一是收入管理。根据实际情况，有收入来源的单位应实现收入管理功能，包括收入计划、收入到账后的收入登记、收入上缴等功能。

二是预算资金到账管理。制定预算指标时，一般都会明确该部分预算资金的来源是来自财政拨款、事业单位经营收入还是财政返还额度等。预算资金到账后需要进行统一管理，在预算实际支出时将其有效地关联对接起来，从而可以清楚地知道该指标下有没有钱可花，实现无资金不支付的管理。

三是资金的归垫管理。资金归垫管理实际上是解决在某些预算指标需要支出但实际账户中还没有钱的情况下，可以先从其他有钱的预算指标中先借取支出，然后待该预算指标实际资金到账后再归还到拆借的预算指标中。

四是预算执行申请、借款、报销和合同支付。不论是预算执行申请、借款、报销和合同支付，都是对下达的预算指标的实际执行。而执行这些申请的前提是必须有预算指标，否则将无法进行任何的支出申请。这也是无预算不支出的目标控制。预算执行申请是对重要、专项的预算指标支出前先做申请的行为。每做一笔申请，对应的预算指标将减少，如果预算指标可用的额度不足于做对应的申请（借款、报销、合同支付、预算执行），则可利用预算调整功能进行预算调整或在该指标下不再做任何支出。报销分为直接报销和借款报销两种模式，直接报销是在预算指标的基础上直接支出的行为；借款报销是在报销支出的基础上先冲减对应的借款金额，超出部分才作为报销实际支付金额；如果报销的金额还不足于抵消借款，则需要做对应的还款处理。

借款、报销和合同支付经过的处理环节基本相同，只是在审批环节上可能会根据不同金额大小、支出事项的不同归口部门等有不同的审批人。对于财务审定、出纳支付和核算登记这三个环节的处理是一样的。财务审定是对报销人员提交的实际单据进行审核并核算对应实际支付的金额；出纳支付是根据财务审定的实际支付金额进行支付，同时选定支出的银行账户，确定是否有钱可支付等；核算登记是出纳进行支付后，把回执交由会计进行做账登记。

报销环节除事前的预算控制外，在系统执行过程中还应满足《党政机关厉行节约反对浪费条例》及配套管理规定中的相关经费支出开支范围及开支标准的设定，对于三公经费和重点经费的支出事项设置灵活的约束开关或者超标消息提醒等功能。

五是与其他功能模块协作。例如，借款、报销后对应的预算指标可用额度将减少。

五、采购管理模块

采购管理功能主要内容包括以下几个部分。

一是采购需求管理。这包括采购需求的申请、采购需求受理和需求审批三个环节。需求部门提出采购需求申请，申请内容应包括采购的内容、采购预算、采购用途等；对应采购归口部门对采购需求申请进行受理，确定采购内容是政府采购还是自行采购，确定采购需求是否有对应的预算，以及对应的预算指标是否正确；然后进行需求审批，需求审批根据不同的内容可能经过不同的审批环节和不同的部门。

二是采购过程的管理。采购需求申请审批通过后，则进入采购过程管理，包括对采购内容进行招标登记（若是政府统一采购，则从对应的代理商库中抽取代理商；若是自行采购，则从对应的供应商库抽取供应商）。考虑到采购的风险因素，系统对代理商和供应商的选取是随机的，而不是人为指定的，这样可以从一定程度上规避某些风险。

三是招标和采购验收处理。招标信息登记和随机选取对应的供应商或代理商后，则进行招标情况的审批。审批环节依据不同行政事业单位的需求进行设置。招标成功后则进行中标信息登记、对后续采购内容和具体采购实物验收，并进行采购后评价。

四是采购执行监督。主要实现对采购各个环节的跟踪和回顾，对采购预算执行情况进行监督处理。

五是与其他功能模块协作。对于采购验收后可以列入固定资产范围的实物，系统会自动转入资产管理模块进行后续处理。同时，在采购环节通常需要有预算指标才能进行采购需求的申请，没有预算指标或预算指标选取不正确则不能进入招标环节；当前招标成功后将产生对应的合同或协议，因此自动会转入合同管理中。

六、合同管理模块

合同管理功能主要内容包括以下几个部分。

一是合同信息管理。采购或项目招标成功后都会产生对应的合同，需要把对应合同信息登记下来，并把合同支付对应的几个阶段，以及每个阶段支付的金额比例抽取出来进行单独登记，以便于后续对合同不同阶段进行跟踪和方便对应的付款处理。合同信息登记后还需要对合同内容的正确性、阶段划分的合理性进行确认。

二是合同执行管理。合同每完成一个阶段，需要利用阶段执行跟踪功能进行推进，记录合同每个阶段完成的成果内容，并对合同阶段成果进行审定，审定没有问题则产生该阶段的支付申请。对于最后一个阶段完成的合同则进行合同结项处理。

三是合同例外处理。对于合同执行过程中存在的补充合同协议条款，同样利用合同登记功能进行登记，并关联老的合同形成新的合同。对于合同执行意外中止的，则同样进入合同结项功能，结项状态标记为中止，并补充合同中止的原因。对于合同结项后合同金额尚未使用完的情况，则需要把该部分占用的预算指标释放出来。对于合同追加金额的情况，则需要走预算调整等其他相关的审批流程，处理后才能进行追加。

四是合同变更历史处理。对于存在合同变更的情况将会记录以前的历史信息，方便追根溯源，有据可依。

五是与其他功能模块协作。采购招标成功后，需要签订对应合同或协议则转入合同管理中；另外，合同阶段完成后需要形成支付的，则在收支管理模块的合同支付中进行处理。

七、项目管理模块

项目管理功能主要内容包括以下几个部分。

一是项目信息管理。项目招标成功后，需要把对应项目信息登记，并把项目划分成几个里程碑阶段，每个阶段的阶段成果需进行界定描述，便于后续对项目的跟踪执行。

二是项目执行管理。项目每完成一个阶段，需要根据项目阶段要求的成果和阶段定义的范围进行审核，并利用项目执行跟踪功能进行项目阶段的推进，记录每个阶段完成的成果内容。对于最后一个阶段完成的项目可进行结项处理，项目结项需要执行结项审批。

三是项目例外处理。对于项目执行过程中可能存在的例外情况，如项目中止或挂起，没有按照既定阶段进行推进或阶段成果达不到对应的要求等，则需要在项目结项时进行阶段状态标识，并在标记中止或挂起前进行审批确认；对于项目阶段计划、成果、范围进行调整的，同样需要审批确认后方能成为新的项目信息进行执行。

四是项目变更历史处理。对于项目调整阶段的变更信息将会作为历史信息记录下来，方便追根溯源，有据可依。

五是与其他功能模块协作。项目验收完成后，有些内容会作为资产进行管理，同时项目执行的依据也是以预算指标为前提的。

八、资产管理模块

多数行政事业单位都建有比较专业的资产管理系统。该系统的功能主要是实现对采购和建设项目产生的资产进行转入管理，方便后续的跟踪和资产管理核算。

九、决策分析模块

决策分析是从不同的角度对内控系统产生的数据信息进行统计，分析内容包括但不限于预算相关分析、收支分析、采购分析、项目分析、资产分析等。

预算相关分析包括预算执行分析、预算到账情况分析、采购预算执行分析、预算完成情况分析等。

收支分析包括三公经费支出分析、重点费用支出分析、各项事项支出构成分析、收入情况分析、收入计划执行情况分析、收入上缴比率分析等。

采购分析包括采购执行完成情况分析、采购情况一览表、采购预算指标执行情况分析、采购事项各阶段构成分析等。

项目分析包括项目执行阶段分析、项目完成情况分析等。资产分析包括资产构成情况分析等。

十、系统配置管理

系统配置包含的内容比较多，具体包括组织信息管理（用户、组织和结构、岗位角色、管理组织、归口管理）、预算配置管理（外部预算事项、内部预算事项、支出事项、财政功能科目、二级单位事项设置等）、管控措施管理（管控事项定义、管控流程设计、管控范围设置等）、系统参数设置、会计科目维护等。这里仅对其中较重要的系统配置进行简单描述。

1. 组织信息管理

系统配置时，先要建立组织结构、用户等最基本的信息内容，包括职能管理关系组织和业务的归口管理等，然后才能在流程审批、流程执行、信息查看范畴上依据设置的内容自动分配对应的权限。

2. 预算配置管理

预算配置的内容包括：外部预算批复需要的财政功能科目和外部预算事项设置；单位内部预算下达分解需要的内部预算事项和支出事项内容，以及内部预算事项与支出关系、内外部预算事项的关系设置、下级单位基础设置的配置、会计科目设置等。

3. 管控措施管理

管控措施配置的内容包括：哪些内容（如采购、预算、支出）应纳入管控范畴、管控内容适合哪些组织、应采用怎样的流程来进行管理控制；管控的预警措施配置，根据支出和预算的控制标准设定对应要求，当超出对应标准时进行预警提示，从而很好地实现实时的控制。

第四节　事业单位内部控制管理信息系统的应用

一、单位内部控制管理信息系统的定位和边界

行政事业单位内部控制管理信息系统旨在实现两方面的功能：一是将梳理优化后的经济活动控制流程转化生成工作流，使预算、收支、采购、项目管理、合同管理以及资产管理等业务的部分事权和财权在内部控制管理信息系统中正常运行，实现对单

位经济活动业务的实时、全程控制；二是帮助单位分析经济活动风险和问题，实时、动态地开展单位内部控制评价、审计和监察工作。

若将单位内部控制管理信息系统定位为内部控制运行系统，则其功能边界主要包括对单位经济活动业务的处理过程，如相关经济活动信息的输入、处理、输出及决策分析等；若将单位内部控制管理信息系统定位为内部控制评价系统，则其功能边界主要包括内控评价、审计监察等。

总之，无论单位内部控制管理系统是定位为内部控制运行系统，还是定位为内部控制评价系统，二者均需体现单位经济活动风险控制的内容，均需将梳理优化后的单位经济活动管理制度、控制流程以及控制措施等内部控制成果通过信息系统落实执行。其目的均是保障单位内部控制的有效运行。

二、单位内部控制管理信息系统与业务系统的关系

行政事业单位内部控制管理信息系统通过对经济活动控制运行过程进行监控，以达到确保单位内部控制有效运行的目的。可以说，内部控制管理信息系统本质上是一种管控系统，旨在防范经济活动风险，规范经济活动运行过程。内部控制管理信息系统与业务系统是相辅相成、互相支撑的关系。一方面，内部控制管理信息系统需要向各业务系统采集数据，各业务系统需要与内部控制管理信息系统建立接口，确保单位经济活动数据之间的有效流转；另一方面，内部控制管理信息系统通过监控经济活动控制运行情况，或者定期评价单位内部控制运行情况，及时发现单位经济活动管理过程中存在的问题，并对业务系统提出优化改进建议。

三、单位内部控制管理信息系统的应用效果

行政事业单位通过部署和使用内部控制管理信息系统，在系统中实时处理单位经济活动业务数据，并通过配置相应的权限，实现单位内部控制机制的真正落地。具体来说，单位内部控制管理信息系统的应用效果主要体现在以下方面。

第一，规范经济活动管理制度，建立有效的经济活动管理模式。单位通过对经济活动控制制度、流程以及控制措施进行梳理优化，并将这些控制机制固化在内部控制信息系统中，借助信息化的手段规范单位经济活动制度流程，从而使单位内部管理更加科学、高效。特别是在单位资金资产管理上，内部控制管理信息系统通过与业务系统紧密衔接，通过与部门预算、国库集中支付、部门决算系统、资产清查系统之间进行良好的数据交流，同时通过对资金支付、项目全程管理、集中采购、收费等业务的全过程控制，最终实现单位资金资产管理的一体化。

第二，消除经济活动信息沟通障碍，提高单位经济活动管理效率。单位在原有财

务核算、资产清查等业务系统的基础上，通过建立统一的内部控制管理系统平台，将预算业务、收支业务、采购业务、项目管理、合同管理以及资产管理等经济活动统一到系统平台中，打破单位内部各系统之间原有的界限，破除信息孤岛，实现局部与总体管理控制工作的高度协调一致，有效扩大管理范围，放大管理能力，并增强了信息的时效性和准确性。

第三，实现经济活动集中管理，统一调配资源，提高资金使用效益。单位通过建立内部控制管理系统，可以及时、准确地掌握下属单位闲置物资、资产情况，在单位间合理调配资源，节约成本。同时，通过内部控制管理系统，可以提高单位资金监管的执行效率和跟踪能力，及时进行财务计划优化，减少资金积压，优化资金使用体系，做到资金使用优质、高效。

综上所述，行政事业单位通过内部控制信息系统建设，规范单位经济活动管理流程和运作程序，落实岗位职责和执行监督，为单位有效管控经济活动风险并最终实现经济活动目标提供坚实保障。

第七章 事业单位内部控制自我评价与监督

第一节 内部控制基础性评价与报告

一、基础性评价与内部控制评价辨析

（一）概念的辨析

内部控制基础性评价，是指单位在开展内部控制建设之前，或在内部控制建设的初期阶段，对单位内部控制基础情况进行的“摸底”评价。而内部控制评价，则是内部控制自我评价的简称，是本单位对内部控制的设计和实施情况进行评价，编写内部控制报告后以单位负责人的名义签署上报给相关部门的过程。

（二）目标的辨析

内部控制基础性评价的目标有两个方面：其一是明确单位内部控制的基本要求和重点内容，使各单位在内部控制建设过程中能够做到有的放矢、心中有数，围绕重点工作开展内部控制体系建设；其二是旨在发现单位现有内部控制基础的不足之处和薄弱环节，有针对性地建立健全内部控制体系，通过“以评促建”的方式，推动各单位如期完成内部控制建立与实施工作。而内部控制评价的目标是在内部控制建设完成以后，为了推动内部控制持续优化和改进，对存在的设计和实施缺陷进行评价并出具报告。

（三）实施时点的辨析

二者的实施时间是有明显差异的，基础性评价发生在尚未开始进行内部控制体系建设，或者刚刚开始进行内部控制体系建设时，基本上只发生一次；而内部控制评价发生在内部控制体系已经建设完成后，并且是例行的事项，可以预计行政事业单位今后会每年都要按照国家规定填写报告并上报。

（四）实施主体的辨析

在实践过程中，笔者发现，无论是基础性评价还是内部控制评价，基本上是由财

务部门来完成的，原因在于进行两项评价的发文部门都是财政部，通过各级财政部门的会计处或会计科传达给所处级别的行政事业单位，各单位很自然地把这项工作就交给财务部门实施。内部控制基础性评价由财务部门来牵头问题并不大，但是内部控制评价仍然由财务部门负责显然不符合内部控制原理，因为绝大多数情况下是财务部门牵头建设内部控制体系，如果还由财务部门对自己牵头建设的内部控制体系进行评价，就是自己评价自己。因此，建议学习企业内部控制建设的经验，内部控制基础性评价还是由财务部门实施，内部控制评价由内部审计等部门来实施是较好的选择。

二、基础性评价的基本原则

（一）全面性原则

内部控制基础性评价应当贯穿于单位的各个层级，确保对单位层面和业务层面各类经济业务活动的全面覆盖，综合反映单位的内部控制基础水平。财政部对于全面性的规定体现在各个文件当中，前后表述并不是完全一致，在实务界对此颇为迷惑，因为在基本规范中仅仅涉及六项经济业务，到底全面性是指必须涵盖这六项业务，还是和企业内部控制一样要包括管理内部控制？根据笔者对此的理解，财政部按照《行政许可法》的规定，不能越界去规定其他部委管辖范围内的事项，所以不可能那么明确规定可以在六项业务以外开展哪些管理活动。从内部控制本质上来说，如果不从源头入手解决问题，就经济业务谈经济业务，是很难有出路的。

（二）重要性原则

内部控制基础性评价应当在全面评价的基础上，重点关注重要业务事项和高风险领域，特别是涉及内部权力集中的重点领域和关键岗位，着力防范可能产生的重大风险。各单位在选取评价样本时，应根据本单位实际情况，优先选取涉及金额较大、发生频次较高的业务。重要性原则其实和成本效益原则紧密相关，也就是说在内部控制体系建设初期，主要工作是搭架子，先解决疑难险重问题，而对于一些发生概率低、影响程度小的风险，可以考虑暂时不纳入内部控制建设范畴，因为这些风险即便优化，带来的效果也不显著。

（三）问题导向原则

内部控制基础性评价应当针对单位内部管理薄弱环节和风险隐患，特别是已经发生的风险事件及其处理整改情况，明确单位内部控制建立与实施工作的方向和重点。内部控制体系建设不可能千篇一律，即便是同行业的行政事业单位，组织结构不同，领导风格不同，历史沿革不同，对于同一项业务，即便国家法规不同，具体落实起来也可能存在差异。因此，内部控制基础性评价过程中，就是要发现每个单位具体问题，根据这些问题，结合每个单位的特点来解决。

（四）适应性原则

内部控制基础性评价应立足于单位的实际情况，与单位的业务性质、业务范围、管理架构、经济活动、风险水平及其所处的内外部环境相适应，并采用以单位的基本事实作为主要依据的客观性指标进行评价。财政部给出的评价指标体系具有指导性，如果所在单位认为不能满足要求，财政部允许在此基础上增加指标。

三、基础性评价工作现状及要求

（一）基础性评价的实施概况

根据笔者非正式调查发现，基础性评价的结果并不容乐观。按照财政部的要求，所有行政事业单位应当在 2016 年 9 月 30 日之前完成基础性评价工作，但是大量单位没有按期执行到位，即便在截止日之前出具报告，但是形式上应付的比重还是很高的。

虽然在各类文件中明确要加强对内部控制基础性评价的监督检查，现实当中执行的并不好，很多单位财务部门担心本单位分数太低影响不好，没有进行任何调研就在办公室闭门造车评分写报告，分数自然是存在虚高的情况。即便是某些省市由财政部门、人社部门和审计部门联合发文推动内部控制体系建设，在内部控制基础性评价方面也没有进行广泛监督检查，至少没有听说哪个单位因为基础性评价报告存在水分而被通报批评，也就是说“以评促建”的目标并没有完全达到。

（二）如何提高基础性评价的可验证性

财政部关于基础性评价的文件对如何开展该项工作是有要求的，也就是说对于每一项评分项都给出了可供参考的方式，并且给出应当检查的资料。因此，真正合格的基础性评价，应该具备可供查询的痕迹，也就是说每一项评分指标，都应当有证据支持。例如，“开展内部控制专题培训”这一项的分值 3 分，评价操作细则是：本单位应针对国家相关政策，单位内部控制制度，以及本单位内部控制拟实现的目标和采取的措施、各部门及其人员在内部控制实施过程中的责任等内容进行专题培训。仅针对国家政策进行培训的，本项只得 1 分；仅针对国家政策和单位制定制度进行培训的，本项只得 2 分。财政部要求通过查看培训通知、培训材料等确认。

四、基础性评价报告的报送

各单位应将包括评价得分、扣分情况、特别说明项及下一步工作安排等内容在内的内部控制基础性评价报告向单位主要负责人汇报，以明确下一步单位内部控制建设的重点和改进方向，确保顺利完成内部控制建立与实施工作。各单位可以将本单位内部控制基础性评价得分与同类型其他单位进行横向对比，通过对比发现本单位内部控制建设的不足和差距，并有针对性地加以改进，进一步提高内部控制水平和效果。

各级财政部门要加强对单位内部控制基础性评价工作的统筹规划和督促指导。各地区、各部门可以对所辖单位内部控制基础性评价得分进行比较，全面推进所辖单位开展内部控制建立与实施工作。

各中央部门应当在部门本级及各所属单位内部控制基础性评价工作的基础上，对本部门的内部控制基础情况进行综合性评价，形成本部门的内部控制基础性评价报告。

第二节　内部控制自我评价及报告

一、内部控制自我评价的主体

开展内部控制自我评价，要明确评价工作的具体实施主体。内部控制自我评价主体必须具备一定的条件：一是具备与评价内部控制系统相适应的专业胜任能力和职业道德素质；二是与单位其他职能部门在评价内部控制系统方面应当保持协调一致，在工作中相互配合、相互制约；三是能够得到单位领导班子和各级工作人员的支持，有足够的权威性来保证内部控制自我评价工作的顺利开展。《内控规范》和《行政事业单位内部控制报告管理制度（试行）》都没有明确应当由谁来开展内部控制自我评价，根据《行政事业单位内部控制报告管理制度（试行）》“行政事业单位是内部控制报告的责任主体……单位主要负责人对本单位内部控制报告的真实性和完整性负责”的要求以及上述条件，内部控制自我评价工作通常由单位内部控制建设领导小组负责，具体业务由内控部门或者牵头部门承担。

内部控制自我评价实施主体应当根据经批准的评价方案，组成内部控制自我评价工作组，具体实施内部控制自我评价工作。评价工作组应当吸收单位内部相关机构熟悉情况的业务骨干参加。

单位也可以委托中介机构实施内部控制自我评价。为单位提供内部控制审计服务的会计师事务所，不得同时为本单位提供内部控制自我评价服务。中介机构受托为行政事业单位实施内部控制自我评价是一种非保证服务，内部控制自我评价报告的责任仍然应由行政事业单位自身承担。

各附属单位要逐级落实内部控制自我评价的责任，建立日常监控机制，开展自查、测试和定期检查评价，发现问题并认定存在的缺陷，拟订优化方案和实施计划，报本单位负责人审定后，督促整改，编制内部控制自我评价报告。

二、内部控制自我评价的内容

行政事业单位内部控制自我评价是对内部控制有效性发表意见，内部控制有效性包括内部控制设计的有效性和内部控制执行的有效性。所谓内部控制有效性，是指行政事业单位建立与实施内部控制对实现控制目标提供合理保证的程度。由于受内部控制固有局限（如无法解决内部人员串通的风险、成本效益原则等）的影响，内部控制只能为内部控制目标的实现提供合理保证，而不能提供绝对保证。

（一）内部控制设计的有效性

行政事业单位内部控制设计的有效性是指为实现控制目标所必需的内部控制程序都存在并且设计恰当，能够为控制目标的实现提供合理保证。对于合理保证单位经济活动合法合规目标来说，内部控制设计的有效性表现为所设计的内部控制能够合理保证行政事业单位遵循国家相关法律法规和单位的规章制度；对于资产安全和使用有效目标而言，内部控制设计的有效性表现为所设计的内部控制能够合理保证国家财产的安全与完整，防止国有资产流失；对于财务信息真实完整来讲，内部控制设计的有效性表现为所设计的相关内部控制能够规范会计行为，保证会计信息的真实、完整，防止、发现并纠正财务报告的重大错漏；对于有效防范舞弊和预防腐败而言，内部控制设计的有效性表现为所设计的内部控制体系能够使得各类舞弊和腐败现象受到约束而降低发生可能性，一旦发生也能很快披露出来；对于提高公共服务的效率和效果目标而言，内部控制设计的有效性表现为所设计的内部控制能够合理保证行政事业单位经济活动的效率和效果。

评价内部控制设计的有效性，应重点关注：①内部控制设计的合理、合法性，即内部控制设计过程中，是否做到符合内部控制的基本原理，以相关法律法规为依据；②内部控制设计的全面性，即内部控制的设计是否覆盖了所有关键业务、关键环节和关键控制点，是否对单位内部各相关部门和人员都具备约束力；③内部控制设计的适应性，即内部控制的设计是否与单位所处环境、运行特点、复杂程度以及风险管理要求相匹配，是否能够依外部环境和自身条件的变化适时调整关键控制点和控制措施。

（二）内部控制执行的有效性

内部控制执行的有效性是指在内部控制设计有效的前提下，内部控制能否有效地执行，从而为控制目标的实现提供合理保证。评价内部控制执行的有效性，应当着重考虑以下三个方面：①相关控制在评价期内是如何运行的；②相关控制是否得到了持续一致的运行；③实施控制的人员是否具备必要的权限和能力。

行政事业单位内部控制要根据外部环境和自身业务的变化而作相应的调整，而且设计再完美的内部控制如果不能很好地贯彻执行也是无效的。内部控制设计的动态调整性和内部控制执行的有效性应该成为行政事业单位内部控制自我评价的重点。

三、内部控制自我评价流程和方法

（一）内部控制自我评价的流程

行政事业单位内部控制自我评价流程一般包括制定评价工作方案、组成评价工作组、实施现场测试、汇总评价结果、编报评价报告等。这些程序环环相扣、相互衔接、相互作用，构成了内部控制自我评价的基本流程。

1. 制定评价工作方案

行政事业单位内部控制自我评价机构首先应当分析所在单位管理过程中的高风险领域和重要业务事项，选择合适的检查评价方法，制定评价工作方案，经上级主管部门和单位管理层批准后实施。评价工作方案应当明确评价主体范围、工作任务、人员组织、进度安排和费用预算等相关内容。

2. 组成评价工作组

内部控制自我评价机构根据经批准的方案，挑选具备独立性、业务胜任能力和职业道德素养的评价人员组成评价工作组。评价工作组成员应当吸收行政事业单位内部相关机构熟悉情况、参与日常监控的负责人或其他管理人员参加，并注意保持与内部控制设计工作组的独立性。

3. 实施现场测试

现场测试首先要了解被评价单位基本情况，确定检查评价范围和重点。评价工作组根据评价人员分工，综合运用各种评价方法对内部控制设计与运行的有效性进行现场检查测试，填写工作底稿、记录测试结果，并对发现的内部控制缺陷进行初步认定。

4. 汇总评价结果

评价工作组汇总评价人员的工作底稿，初步认定内部控制缺陷，形成现场评价表。评价工作底稿应进行交叉复核签字，并由负责人审核后签字确认。评价工作组将评价结果及现场评价的结果向被评价单位进行通报，由被评价单位相关责任人签字确认后，提交行政事业单位内部控制自我评价机构。被评价单位是否签字不是绝对的，有的被评价单位问题多多，但就是不肯签字，所以如果被评价单位拒绝签字，应及时向上级领导汇报。

5. 编制评价报告

在此基础上，工作组形成评价报告。评价报告应充分评估下列因素导致内部控制失效的风险：①控制活动的类型，一般包括人工控制和自动控制、预防性控制和发现性控制等；②控制活动的复杂性，通常与单位组织结构、环境、规模、人员素质等相关；

③管理层逾越内部控制的风险；④实施控制活动所需要的职业判断的程度；⑤控制活动所针对风险事项的性质及其重要性；⑥一项控制活动对其他控制活动有效性的依赖程度。

对于认定的内部控制缺陷，内部控制自我评价机构应当结合管理层、内部审计部门和纪律监察部门的要求，提出整改建议，要求责任单位及时整改，并跟踪其整改落实情况；已经造成损失或负面影响的，行政事业单位应当追究相关人员的责任。

6. 内部控制自我评价实施流程案例

某单位在执行内部控制自我评价时的总流程为：制定“内控检查评价指引”和评价工作方案，现场检查和评价，检查评价结果复核与确认，下达整改通知，督促整改，对现场检查评价结果统一复核和确认，结合日常监督等情况，形成单位内部控制自我评价报告。具体来说，其流程主要包括：

（1）组织现场评价小组，分配成员任务。评价组长负责与被评价单位主要领导成员谈话，参加见面会及讲评会，副组长负责检查内控环境、内部控制自查情况，并撰写现场检查评价报告，一般检查评价人员按内控流程分组展开工作。

（2）召开内部控制见面会，通过听取被评价单位的介绍，掌握基本情况（管理或服务业务范围、组织机构、管理层成员及分工、财务管理核算体制、信息系统建设和实施情况等），了解工作计划和预算完成情况和内部控制实施情况（内控宣传培训、实施细则及相关制度修订完善、日常内控工作机制、单位测试自查及整改情况），了解最近一次审计或财务稽核查出问题的整改情况等，与被评价单位签订保密协议。

（3）搜集、分析材料，主要包括内部控制自查整改材料、内控流程责任分工（责任部门、责任人、联系人）、组织架构图、会计报表、经济活动分析材料等。

（4）确定范围及重点，选择重点内部控制流程和控制点、重点评价样本。

（5）实施现场评价，主要评价其诚信与道德、责任分配与授权、组织结构管理哲学和经营风格、人力资源政策与实务、信息与沟通、监督。

（6）汇总评价工作底稿，认定内部控制缺陷。

（7）与被检查单位沟通确认检查评价结果，所有的评价工作底稿要求由被评价单位流程负责人（或责任人）签字确认。评价小组如与被检查单位分歧较大，难以协调，应及时向上级反映并协调解决。

（8）撰写评价报告并讲评，评价报告中要对被评价单位因内部控制缺陷扣分原因做出清晰的解释，告知其未执行的流程、控制点。

（9）由评价小组组长或副组长复核检查表格、底稿和内控缺陷认定，跟踪内部控制缺陷整改和修订完善情况。

（10）编制内控自我评价报告（含内部管理版本和对外披露版本）。

（二）内部控制自我评价方法

内部控制自我评价方法通常与内部控制自我评价程序相联系，在不同的内部控制自我评价阶段分别采用不同的方法。概括地说，在设计有效性评价阶段，通常使用文字表述法、调查问卷法和流程图法，在运行有效性评价阶段，通常使用证据检查法、穿行试验法和实地观察法等。

1. 文字表述法

文字表述法是评价人员将所了解的内部控制实际情况完全以文字的形式描述出来。这种描述方法一般是按单位不同的业务活动环节，分别说明各类业务控制制度的设计与执行情况。文字表述法主要适用于内部控制程序比较简单、比较容易描述的单位或一些相对简单的业务内部控制，其优点是可对调查对象做出比较深入和具体的描述，弥补调查表只能做出简单肯定或否定的不足，其缺点是评价人员有时难用简明易懂的语言来描述一些内部控制系统的细节，因而有时文字表述显得比较拖沓，不利于为内部控制分析和评价提供有效依据。

例如，某单位内部控制自我评价的文字表述如下（实际工作中要做成工作底稿的形式，具备相应要素）：

A 单位是隶属于市商业局的事业单位，现有职工 460 人，固定资产 5397.3 万元，流动资产 856 万元，占地面积 6200 平方米。财务科岗位分工及其职责如下：

（1）人员配备：科长 1 人，主管会计 1 人，记账员 3 人，出纳员 2 人。

（2）业务范围：负责全单位财务会计工作，组织全单位会计核算工作，做好流动资金的归口分级管理、使用，编制各项财务计划、预算、决算，检查财经规章制度的执行情况，及时编报有关财务会计资料。

（3）岗位责任。

a. 科长：负责会计工作的指导、协调，在分管领导和总会计师的领导下编制各项财务计划，管好用好资金，搞好会计人员的培训工作。

b. 主管会计：在科长领导下具体负责会计核算工作，及时计交各项税款，正确编制记账凭证汇总表并登记总账，搞好财务清查，编制会计报表，负责会计资料的立卷归档事项，协助科长搞好会计升级工作。

c. 记账员：复核原始凭证，及时编制记账凭证并登记有关账簿，及时清理应收、预付、委托银行收款等账项，防止呆账损失。

d. 出纳员：审核原始凭证的合法性、合理性，并及时报销费用开支等业务，正确登记现金日记账及银行存款日记账，做到日清月结。遵守现金管理制度及银行结算制度、管好支票并做好支票签发工作。

2. 调查问卷法

调查问卷法主要用于单位层面评价。调查问卷应尽量扩大对象范围，包括单位各个层级员工，应注意事先保密性，题目尽量简单易答（如答案只需为“是”“否”“有”“没有”等）。比如你认为你的自身价值是否能够在单位发展中得到充分实现？你对单位的核心价值观是否认同？调查问卷法多用于评价行政事业单位内部控制要素的定性因素。在调查问卷的设计中应注意关键问题的提问方式、答案的清晰程度，并对应各给定答案赋值，最终便于定性分析其相关要素。

采用调查问卷法，其中最重要的工作就是针对需要了解的控制系统及其控制点，编制调查提纲，设计调查问题。调查问题设计得当与否，直接关系到测试和评价的工作质量。要针对各种经济业务的一般控制点和关键控制点提出询问，而不是泛泛了解业务活动性质、规模和内容等概况。

调查问卷法的优点是：能够比较容易地了解到单位内部控制系统的状况，尤其是流程图法无法表示的控制点，如果调查事项设计得切中要害，调查范围全面，那么即使交给经验不足的评价人员，也不会漏过控制的薄弱环节；调查内容可以由若干人分别进行，从而可以提高回答问题的可靠性。调查问卷法的局限性主要表现在两个方面：一是回答内容只限于调查事项的范围之内，难以了解到其他有关信息，如果调查事项设计得不得当，就不能对内部控制体系做出正确评价；二是答案过于简单，同样是肯定或否定的回答，往往因肯定或否定的程度不同，也不能准确地判断内部控制的状况。

其中设置问题的方式，如下所示：

（1）领导层是否树立了高度的忠诚性和道德行为的典范？

（2）是否存在指导职工的书面的行为规范，是否要求关键岗位职工定期提交有关遵守情况的书面报告来保证行为规范的执行？

（3）内部控制的缺陷是否及时地报告给了上级领导并进行了修正？

（4）内部审计部门的成员是否行使职责，并保持相对独立性？

3. 流程图法

通过绘制内部控制流程图来测试和评价单位内部控制体系的方法，即为流程图法。内部控制流程图是用特定语言符号表示单位内部控制运行状况的直观图式，它综合了单位业务活动中的实物流程、货币流程和信息流程，表明了单位不相容职务分离、权责划分的状况，突出了控制点和关键控制点，是评价人员据以分析、研究和评价单位内部控制系统的有效方式。

有些单位的管理部门为了控制业务活动，往往将各项业务活动的处理程序绘制成流程图，在这种情况下，评价人员可以直接对现有的流程图进行复查，然后从中检查控制系统的各个控制点。如果单位没有绘制流程图，评价人员则应按照单位的业务程序进行绘制。由于流程图中难以显示各控制点的控制措施，评价人员还需要另行编制文字说明，以有助于对流程图的理解。该文字说明，应该主要反映各控制点的控制措施以及对应的控制目标。

流程图能清晰地反映出被评价单位内部控制的概况，是内部控制自我评价的有用工具。好的流程图可以使人直观地看到内部控制是如何运行的，从而有利于发现内部控制中的不足之处。与文字记录法相比，流程图法的最大优点在于：便于表达内部控制的特征，同时便于修改。缺点是：编制流程图需要具备较娴熟的技术和花费较多的时间，另外，对内部控制的某些弱点很难明确地表达出来。本书第五章提供了很多流程图，可供读者参阅。

4. 证据检查法

证据检查法是指评价人员抽取一定数量的账表、凭证等书面证据和其他有关证据，检查其是否存在控制措施线索，以判断内部控制是否得到有效贯彻执行的方法。证据检查法的原理是，被评价单位的内部控制执行情况，总要在文件资料等证据上表现出来，因此，抽查一定数量的书面证据，即可证明被评价单位制定的内部控制制度是否在实际工作中得到有效执行。

5. 穿行试验法

穿行测试法是指通过抽取一份全过程的文件，按照被评价单位规定的业务处理程序，从头到尾地重新执行一遍，以检查这些经济业务在办理过程中是否执行了规定的控制措施，并通过其处理结果是否相符，来了解整个业务流程执行情况的评价方法。业务流程检查要求样本尽量穿透，一些抽样可以选择逆向检查，即先从会计凭证着手抽取样本向前追溯，以保证穿透业务，进而对业务流程控制设计和运行的有效性做出评价。一般情况下只需要选择若干重要环节进行验证即可，但是对特别重要的业务系统，则必须进行全面的检查验证，以免造成不应有的失误。

6. 实地观察法

实地观察法是指对财产进行盘点、清查以及对存货出、入库等控制环节进行现场查验。如现场对现金、存货、固定资产、票据盘点，入库单是否及时录入管理信息系统，再如检查收取票据“被背书人”栏是否及时注明本单位名称、印鉴是否分开保管、网银卡和密码由不同人员保管等。

实地观察法适合测试某些不留线索的控制以及测试控制执行到位的程度，前者如失误控制、职务分离，后者如采购验收、门卫检查等。同时，评价人员在实施这一方法时，应尽可能不让被评价事项的有关当事人事先觉察，这样才会取得比较理想的效果。

实地查验法的结果有多种体现方式，如对某一业务流程的控制评价，可以通过评估现有记录的充分性来评价控制程度；也可以通过以流程图的方式描绘出常规业务的处理流程，直观发现流程中可能出现的错误，并应予实施控制程度的作业点；或者以叙述式记录（如信息处理步骤）反映相关控制情况。

7. 抽样法

抽样法是指针对具体的内部控制业务流程，按照业务发生频率及固有风险的高低，从确定的抽样总体中抽取一定比例的业务样本，对业务样本的符合性进行判断，进而对业务流程控制运行的有效性做出评价。一般在逆查、顺查和函证中广泛运用抽样，但通常不用于询问、观察、分析性复核程序。

抽样法较多被应用于对于收支流程和费用报销授权、签字的审批过程的评价，对于印章和票据管理、债务管理流程及职责、人员培训情况、合同管理等方面同样适用。建议在评价关键岗位业务人员和部门负责人的轮岗制度、关键岗位人员离岗或工作交接是否存在责任不清和相关资料丢失等情况时使用抽样法。

8. 个别访谈法

个别访谈法是指根据检查评价需要，对被查单位员工进行单独访谈，以获取有关信息。内控环境检查评价、一些不常发生、不易检查，或被检查单位不愿暴露的业务，确定被检查单位是否有类似业务发生。访谈时应关注同一问题不同相关部门人员答案是否一致。访谈前应根据内部控制自我评价需求形成访谈提纲，撰写访谈纪要，记录访谈的内容。为了保证访谈结果的真实性，应尽量访谈不同的人员以获得更可靠的证据。个别访谈法应首先从单位领导班子开始，逐步将范围扩大到各级领导及单位其他员工，这样有助于了解单位内部控制的完善程度、确定单位内部控制可靠性，对整体评价内部控制环境有显著效果。

9. 比较分析法

比较分析法是指通过分析、比较数据间的关系、趋势或比率来取得评价证据的方法。通常用于预算执行情况、会计报表数据的真实、完整、准确等检查，也可用于确定检查重点。比如对于行政事业单位的预算控制进行评价时，最好采用零基预算和细化预算法，找出预算超支的项目并重点审查。比较分析法较为直观地反映方式是矩阵表格，将需分析的控制点、历史数据、标准数据、现行数据、控制描述等编制成矩阵表格，高效地显示数据变化的程度及原因，迅速找出单位应重点控制的环节。

10. 专题讨论会法

专题讨论会法是指通过召集与业务流程相关的管理人员就业务流程的特定项目或具体问题进行讨论及评估的一种方法。检查组在遇到专业疑难问题时使用此方法。对于同时涉及财务、业务、信息技术等方面的控制缺陷，往往需要由内部控制管理部门组织召开专题讨论会议，综合内部各机构、各方面的意见，研究确定缺陷整改方案。

最后，必须强调的是，对不同的控制应采用不同的方法：对“实物控制”而言，首先应采用实地查验法，其次采用抽样法，而不宜使用穿行测试法；对“批准与授权”而言，最适用的是抽样法，其次是穿行测试法，而最不适合采用实地查验法；对于“职责分离”而言，主要采用实地查验法，其次为抽样法，而不适合穿行测试法。

四、内部控制自我评价结果分析

在执行了必要的自我评价程序，收集了相关资料数据以后，在出具自我评价报告前，需要对评价过程中获取的资料进行分析，以便得出关于单位内部控制的结论。内部控制自我评价的目的是对内部控制的有效性发表意见，为此结果分析的主要内容就是单位内部控制是否存在缺陷，缺陷是否重大以及应当采取什么样的改进措施。

（一）内部控制缺陷概念

缺陷是内部控制中值得注意的一种情况，可能表示一个察觉到的、潜在的或实际的缺点，或者一个强化内部控制以便提高目标实现的可能性的机会。单位应当制定内部控制缺陷认定标准。

1. 内部控制缺陷的类别

（1）设计缺陷与运行缺陷。

内部控制缺陷一般可分为设计缺陷和运行缺陷。设计缺陷是指缺少为实现控制目标所必需的控制，或现存控制设计不适当、即使正常运行也难以实现控制目标，即建立的内部控制不能充分实现内部控制目标而形成的内部控制缺陷。运行缺陷是指现存设计完好的控制没有按设计意图运行，或执行者没有获得必要授权或缺乏胜任能力以有效地实施控制，即内部控制不能按照建立阶段的意图运行，或运行中错误很多，或实施内部控制的人员不能正确理解内部控制的内容和目标等而产生的内部控制缺陷。

单位对内部控制自我评价过程中发现的问题，应当从定量和定性等方面进行衡量，判断是否构成内部控制缺陷。存在下列情况之一，单位应当认定内部控制存在设计或运行缺陷：①未实现规定的控制目标；②未执行规定的控制活动；③突破规定的权限；④不能及时提供控制运行有效的相关证据。

（2）一般缺陷、重要缺陷与重大缺陷。

按照内部控制缺陷影响整体控制目标实现的严重程度，内部控制缺陷分为一般缺陷、重要缺陷和重大缺陷。重大缺陷是指一个或多个一般缺陷的组合，可能严重影响内部控制整体的有效性，进而导致单位无法及时防范或发现严重偏离整体控制目标的情形。重要缺陷是指一个或多个一般缺陷的组合，其严重程度低于重大缺陷，但导致单位无法及时防范或发现偏离整体控制目标的严重程度依然重大，须引起单位管理层关注。除重要缺陷和重大缺陷以外的其他缺陷，则为一般缺陷。

内部控制自我评价机构和管理层应当合理确定相关目标发生偏差的可容忍水平，从而对严重偏离的情形予以确定。单位判断和认定内部控制缺陷是否构成重大缺陷，应当考虑下列因素：①影响整体控制目标实现的多个一般缺陷的组合是否构成重大缺陷；②针对同一细化控制目标所采取的不同控制活动之间的相互作用；③针对同一细化控制目标是否存在其他补偿性控制活动。

（3）财务报告缺陷与非财务报告缺陷。

按照具体影响内部控制目标的具体表现形式，还可以将内部控制缺陷分为财务报告缺陷和非财务报告缺陷。

（二）内部控制缺陷的认定方法

单位对内部控制自我评价过程中发现的问题，应当从定量和定性等方面进行衡量，判断是否构成内部控制缺陷。根据内部控制缺陷影响整体控制目标实现的严重程度，将内部控制缺陷分为重大缺陷、重要缺陷和一般缺陷。

1. 定性分析

定性分析就是对评价对象从总体上运用归纳和演绎、分析与综合以及抽象与概括等方法进行“质”的方面的分析与把握，以确定内部控制缺陷的程度。

2. 定量分析

定量分析就是对评价对象进行量化处理与分析。例如，“基本确定”为大于 95% 但小于 100%；“很可能”为大于 50% 但小于等于 95%；“可能”为大于 5% 但小于或等于 50%；“极小可能”为大于 0 但小于等于 5%。错报金额大小的量化方法可以借鉴《中国注册会计师审计准则第 1221 号——重要性》的规定，根据以下参考数值，确定重要性水平：

（1）对于以盈利为目的的单位，来自经常性业务的税前利润或税后净利润的 5%，或总收入的 0.5%；

（2）对于非营利组织，费用总额或总收入的 0.5%；（3）对于共同基金公司，净资产的 0.5%。读者还可参考接下来的内容中，某单位内部控制缺陷认定的具体标准。

（三）内部控制缺陷的整改

单位应将执行的程序和评价的结果列示于自我评价报告中，就发现的全部缺陷汇总、分析缺陷产生的原因并提出改进建议，对重要和重大缺陷提出整改建议，提请单位领导班子组织实施整改工作。为了确保整改成功，单位应制定切实可行的整改方案，包括整改目标、内容、步骤、措施、方法和期限。整改期限超过一年的，整改目标应明确近期和远期目标以及相应的整改工作内容。

五、内部控制自我评价报告

（一）内部控制自我评价报告格式

内部控制自我评价工作应当形成工作底稿，详细记录单位执行评价工作的内容，包括评价要素、主要风险点、采取的控制措施、有关证据资料以及认定结果等。评价工作底稿应当设计合理、证据充分、简便易行、便于操作。为了提高内部控制自我评价报告的质量，可借鉴企业内部控制自我评价工作底稿。工作底稿是形成评估的依据。借鉴企业内部控制自我评价报告的格式，结合内部控制信息披露的目的，以及财政部最新颁布的内部控制报告编制规定。

财政部已经印发《行政事业单位内部控制报告管理制度（试行）》，但这个文件中也没给出内部控制报告的模板，而财政部《关于开展 2016 年度行政事业单位内部控制报告编报工作的通知》（财会函〔2017〕3 号）倒是规定了各单位内部控制报告的样式，各单位应当按照这个规定样式向上级单位或财政部门报送内部控制报告。当然，读者可以发现这样的报告样式实际上又把评价底稿和评价报告混在一起，虽然方便于统计，但略显烦琐，期待今后的进一步改进。财政部站在主管部门视角的报告格式，也能够给大家提供一些参考。

（二）财政部门在内部控制评价报告中的职责

财政部负责组织实施全国行政事业单位内部控制报告编报工作。其职责主要是制定行政事业单位内部控制报告的有关规章制度及全国统一的行政事业单位内部控制报告格式，布置全国行政事业单位内部控制年度报告编报工作并开展相关培训，组织和指导全国行政事业单位内部控制报告的收集、审核、汇总、报送、分析使用，组织开展全国行政事业单位内部控制报告信息质量的监督检查工作，组织和指导全国行政事业单位内部控制考核评价工作，建立和管理全国行政事业单位内部控制报告数据库等工作。

地方各级财政部门负责组织实施本地区行政事业单位内部控制报告编报工作，并对本地区内部控制汇总报告的真实性和完整性负责。其职责主要是布置本地区行政事业单位内部控制年度报告编报工作并开展相关培训，组织和指导本地区行政事业单位内部控制报告的收集、审核、汇总、报送、分析使用，组织和开展本地区行政事业单位内部控制报告信息质量的监督检查工作，组织和指导本地区行政事业单位内部控制考核评价工作，建立和管理本地区行政事业单位内部控制报告数据库等工作。

（三）各行政功能主管部门在内部控制报告中的职责

各行政主管部门（以下简称各部门）应当按照财政部门的要求，负责组织实施本部门行政事业单位内部控制报告编报工作，并对本部门内部控制汇总报告的真实性和完整性负责。其职责主要是布置本部门行政事业单位内部控制年度报告编报工作并开展相关培训，组织和指导本部门行政事业单位内部控制报告的收集、审核、汇总、报送、分析使用，组织和开展本部门行政事业单位内部控制报告信息质量的监督检查工作，组织和指导本部门行政事业单位内部控制考核评价工作，建立和管理本部门行政事业单位内部控制报告数据库。

（四）行政事业单位内部控制报告的编制与报送

年度终了，行政事业单位应当按照本制度的有关要求，根据本单位当年内部控制建设工作的实际情况及取得的成效，以能够反映内部控制工作基本事实的相关材料为支撑，按照财政部发布的统一报告格式编制内部控制报告，经本单位主要负责人审批后对外报送。行政事业单位能够反映内部控制工作基本事实的相关材料一般包括内部控制领导机构会议纪要、内部控制制度、流程图、内部控制检查报告、内部控制培训会相关材料等。

（五）部门行政事业单位内部控制报告的编制与报送

各部门应当在所属行政事业单位上报的内部控制报告和部门本级内部控制报告的基础上，汇总形成本部门行政事业单位内部控制报告。各部门汇总的行政事业单位内部控制报告应当以所属行政事业单位上报的信息为准，不得虚报、瞒报和随意调整。各部门应当在规定的时间内，向同级财政部门报送本部门行政事业单位内部控制报告。

（六）地区行政事业单位内部控制报告的编制与报送

地方各级财政部门应当在下级财政部门上报的内部控制报告和本地区部门内部控制报告的基础上，汇总形成本地区行政事业单位内部控制报告。地方各级财政部门汇总的本地区行政事业单位内部控制报告应当以本地区部门和下级财政部门上报的信息为准，不得虚报、瞒报和随意调整。地方各级财政部门应当在规定的时间内，向上级财政部门逐级报送本地区行政事业单位内部控制报告。

（七）政事业单位内部控制报告的使用

行政事业单位应当加强对本单位内部控制报告的使用，通过对内部控制报告中反映的信息进行分析，及时发现内部控制建设工作中存在的问题，进一步健全制度，提高执行力，完善监督措施，确保内部控制有效实施。各地区、各部门应当加强对行政事业单位内部控制报告的分析，强化分析结果的反馈和使用，切实规范和改进财政财务管理，更好发挥对行政事业单位内部控制建设的促进和监督作用。

（八）行政事业单位内部控制报告的监督检查

各地区、各部门汇总的内部控制报告报送后，各级财政部门、各部门应当组织开展对所报送的内部控制报告内容的真实性、完整性和规范性进行监督检查。行政事业单位内部控制报告信息质量的监督检查工作采取“统一管理、分级实施”原则。中央部门内部控制报告信息质量监督检查工作由财政部组织实施、各地区行政事业单位内部控制报告信息质量监督检查工作由同级财政部门按照统一的工作要求分级组织实施，各部门所属行政事业单位内部控制报告信息质量监督检查由本部门组织实施。行政事业单位内部控制报告信息质量的监督检查应按规定采取适当的方式来确定对象，并对内部控制报告存在明显质量问题或以往年份监督检查不合格单位进行重点核查。各地区、各部门应当认真组织落实本地区（部门）的行政事业单位内部控制报告编报工作，加强对内部控制报告编报工作的考核。

行政事业单位应当认真、如实编制内部控制报告，不得漏报、瞒报有关内部控制信息，更不得编造虚假内部控制信息；单位负责人不得授意、指使、强令相关人员提供虚假内部控制信息，不得对拒绝、抵制编造虚假内部控制信息的人员进行打击报复。对于违反规定、提供虚假内部控制信息的单位及相关负责人，按照《中华人民共和国会计法》《中华人民共和国预算法》《财政违法行为处罚处分条例》等有关法律法规规定追究责任。各级财政部门及其工作人员在行政事业单位内部控制报告管理工作中，存在滥用职权、玩忽职守、徇私舞弊等违法违纪行为的，按照《公务员法》《行政监察法》《财政违法行为处罚处分条例》等国家有关规定追究相应责任；涉嫌犯罪的，移送司法机关处理。

第三节　内部控制的监督机制建设

内部控制的监督是对内部控制建立与实施情况进行监督检查。单位应当建立健全监督制度，明确各相关部门或岗位在监督中的职责权限，规定监督的程序和要求，确保监督检查工作有效开展。按照实施监督的主体不同，监督可以分为内部监督和外部监督。

一、内部监督

内部监督是单位内部有关部门对内部控制建立与实施情况监督检查，评价内部控制的有效性，对于发现的内部控制缺陷，及时加以改进。行政事业单位内部监督与作为内部控制五要素的内部监督既有联系又有区别，共同点是它们都是实施内部控制的重要保证，是对内部控制的控制；不同点是此处的内部监督主要用于区别外部监督，而非作为内部控制五要素结构的专有名词。在企业的内部控制理论中，监督这一部分是不存在外部监督的，而行政事业单位由于所有者缺位，所以需要引进外部监督，这时内部监督只是相对于外部监督而存在。

（一）内部监督的实施主体

根据监督与执行分离的基本原理，内部监督应当与内部控制的建立和实施保持相对独立。为此，内部控制监督不能由具体组织实施和日常管理的工作部门承担。对于设立了独立内部审计部门或者专职内审岗位的单位，可以指定内审部门或者岗位作为内部监督的实施主体；对于没有内审部门或岗位的单位，单位内部控制建设领导小组应当指定部门或岗位作为实施监督的责任主体；对于将所有下属单位纳入内部控制建设实施范围统一开展内部控制建设的上级单位，其内部监督实施主体同时也可以作为下属单位内部监督的实施主体。

（二）内部监督相关要求

负责内部监督的部门或岗位应当定期或不定期检查单位内部管理制度和内部控制措施的建立与执行情况，以及内部控制关键岗位及人员的设置情况等，及时发现内部控制存在的问题，对单位建立和实施内部控制的情况做出评价，对于内部控制存在重大缺陷的，应当向单位领导班子提出，要求整改。单位应当根据本单位实际情况确定内部监督检查的方法、范围和频率，通常不能少于一年一次。

二、外部监督

外部监督是指由单位外部的政府有关部门对单位内部控制建立和实施情况进行的监督检查。行政事业单位按经济性质划分，属于全民所有单位，由政府代表国家行使对行政事业单位的所有者权益。所以，行政事业单位不能像企业那样建立法人治理结构，立足于自我监督、自我完善，而需要政府有关部门代表国家来对行政事业单位的内部控制进行监督。内部控制的外部监督主要由财政部门和审计部门承担，同时应当充分发挥纪检、监察等部门的积极性，构建严密的外部监督网络。

（一）财政部门的外部监督

国务院财政部门及其派出机构和县级以上地方各级人民政府财政部门是行政事业单位国有资产和预算管理的主管部门，因此负有监督行政事业单位建立健全内部控制的责任。各级财政部门应当对单位内部控制的建立和实施情况进行监督检查，有针对性地提出检查意见和建议，并督促单位进行整改。

（二）审计部门的外部监督

国务院审计机关及其派出机构和县级以上地方各级人民政府审计机关是法定的审计机关，依法对行政事业单位行使审计监督。根据现代审计的原理，开展审计工作时，需要先对被审单位的内部控制进行测试，判断内部控制的完善程度，在此基础上再决定实质性测试的范围和深度。为此，审计机关对行政事业单位进行审计时，应当充分发挥审计监督的作用，以《规范》为审计依据，注意调查了解单位内部控制建立和实施的有效性，揭示相关内部控制的缺陷，有针对性地提出审计处理意见和建议，并督促单位进行整改。

（三）纪检监察部门的外部监督

由于内部控制有预防腐败和舞弊的积极作用，这与纪检监察部门的关注点是一致的。在我国，纪检监察部门具有比较高的权威性和执行力，有纪检监察部门的参与，则各单位开展内部控制建设的积极性会大幅提高。因此，纪检监察部门应当充当正能量，积极促进行政事业单位开展内部控制建设。在对单位领导进行考核时，可以将单位内部控制的完善程度作为考核内容之一。

参考文献

[1] 周守亮 . 高职高专行政事业单位内部控制与内部审计研究 [M]. 大连：大连理工大学出版社，2021.

[2] 李爱华 . 事业单位预算管理研究 [M]. 长春：吉林出版集团股份有限公司，2021.

[3] 王同孝，王以涛 . 高等学校内部控制理论与实务 [M]. 北京：应急管理出版社，2021.

[4] 唐大鹏 . 中国政府内部控制理论建构与标准体系研究 [M]. 沈阳：东北财经大学出版社，2021.

[5] 刘倩 . 医院内部控制规范操作指南 [M]. 北京：中国财政经济出版社，2021.

[6] 王德敏，李超超 . 行政事业单位内部控制精细化管理全案 第 2 版 [M]. 北京：中国劳动社会保障出版社，2020.

[7] 李素鹏 . 行政事业单位内部控制体系建设全流程操作指南 [M]. 北京：人民邮电出版社，2020.

[8] 陆敏 . 公立医院内部控制体系优化设计研究 [M]. 上海：上海科学普及出版社，2020.

[9] 张庆龙 . 内部审计学 [M]. 北京：中国人民大学出版社，2020.

[10] 朱效平 . 法治视角下行政事业单位内部控制研究 [M]. 济南：山东大学出版社，2019.

[11] 郝建国，刘秋霞，郝玮 . 行政事业单位内部控制体系建设 [M]. 北京：中国市场出版社，2019.

[12] 孙银英 . 行政事业单位内部控制构建与研究 [M]. 长春：吉林大学出版社，2019.

[13] 许太谊 . 行政事业单位审计常见问题 200 案例 [M]. 北京：中国市场出版社，2019.

[14] 张兴凯，胡萍，周建新 . 科研事业单位政府采购管理理论与实务 [M]. 北京：冶金工业出版社，2019.

[15] 饶慧云 . 高校会计风险管理与控制策略 [M]. 南昌：江西科学技术出版社，

2019.

[16] 谢枭鹏，黄黎平，郭长金 . 高校政府采购廉政风险防控 [M]. 北京：冶金工业出版社，2019.

[17] 杨武岐，田亚明，付晨璐 . 事业单位内部控制 [M]. 北京：中国经济出版社，2018.

[18] 黄的祥，蓝茂 . 行政事业单位内部控制实操方案 [M]. 西安：西北工业大学出版社，2018.

[19] 郝建国 . 行政事业单位内部控制实施 [M]. 北京：中国市场出版社，2018.

[20] 张俊杰，李满威 . 行政事业单位内部控制建设概论与范例 [M]. 北京：经济科学出版社，2018.

[21] 王威然，黄芝花 . 行政事业单位会计 [M]. 北京：北京理工大学出版社，2018.

[22] 夏宁 . 内部控制学 [M]. 上海：立信会计出版社，2018.

[23] 罗胜强，李培辉，赵团结 . 企业内部控制精细化设计与实务案例 [M]. 上海：立信会计出版社，2018.

[24] 李敏 . 政府会计 行政事业核算新模式 [M]. 上海：上海财经大学出版社，2018.

[25] 王海侠，刘恩厚，何锋 . 会计管理与成长控制研究 [M]. 北京：九州出版社，2018.

[26] 高立法，阎莹，刘传峰 . 行政事业单位内部控制规范 [M]. 北京：中国商业出版社，2017.

[27] 方周文，张庆龙，聂兴凯 . 行政事业单位内部控制规范实施指南 修订版 [M]. 上海：立信会计出版社，2017.

[28] 高立法，阎莹，刘传峰 . 行政事业单位内部控制规范 管理制度选编 [M]. 北京：中国商业出版社，2017.

[29] 王淮勇 . 行政事业单位内部控制管理 [M]. 北京：中国商业出版社，2017.

[30] 牛雪梅 . 行政事业单位内部控制体系建设与研究 [M]. 北京：九州出版社，2017.

[31] 张庆龙 . 新编行政事业单位内部控制建设原理与操作实务 [M]. 北京：电子工业出版社，2017.

[32] 邵积荣 . 高校经济活动内部控制研究 [M]. 广州：羊城晚报出版社，2017.